Bill Granger

Sunshine-Küche

Fotografie Petrina Tinslay

Inhalt

Tag für Tag 6

Wochentage 8

Gemütliche Tage 52

Kindertage 76

Frische Tage 98

Backtage 122

Besondere Tage 142

Register 220

Ich bin zwar kein Koch, doch ich stehe jeden Tag am Herd. An manchen Tagen koche ich aus reinem Vergnügen, an anderen, um den Hunger zu stillen. Man wird heutzutage ständig mit allem Möglichen überschüttet, dabei sind die wirklich wichtigen Dinge ganz einfach – Gesundheit und Zeit für unsere Lieben, unsere Freunde und für uns selbst. Kochen und Essen bringt dies für mich zusammen. Es macht mir Freude und verbindet alle Teile meines Lebens. Was ich koche, hängt von verschiedenen Faktoren ab: Zeit, Energie und was gerade angeboten wird … Das Essen an einem Montagabend fällt natürlich anders aus als ein Festmahl für Freunde. Aber egal was ich koche, ich beschränke mich auf das Wesentliche. Für mich liegt die größte Verfeinerung in der Einfachheit. Ich hoffe, dass Sie in dieser Auswahl an Rezepten etwas Köstliches finden – Tag für Tag.

Wochentage

Wochentage erfordern ein bisschen Planung – am Wochenende das Nötigste einkaufen, sodass alle Grundzutaten im Haus sind und unter der Woche nur noch einige frische Zutaten auf dem Heimweg besorgen. Zu Abend esse ich mit der ganzen Familie in der Küche, manchmal aber auch vor dem Fernseher von einem Tablett auf meinem Schoß oder zusammen mit Freunden, die mal eben auf ein improvisiertes Essen vorbeischauen – meist irgendetwas Schnelles aus meinem Tiefkühlvorrat (ein Eintopf, Geschmortes, eine Suppe), Pasta oder ein paar Salate. In der Woche geht es bei uns am Abend oft drunter und drüber. Für diesen Fall habe ich ein paar einfache Rezepte auf Lager, Ein-Teller-Gerichte, die ich mit geschlossenen Augen beherrsche (und manchmal auch koche). Hier sind ein paar davon.

Spaghetti mit Kirschtomaten, Ricotta, Spinat und Pecorino

Für 4 Personen

750 g Kirschtomaten
4 Knoblauchzehen, in Scheiben geschnitten
1 rote Zwiebel, in feine Streifen geschnitten
1 kleine Handvoll frischer Oregano
100 ml bestes Olivenöl
500 g frische Spaghetti
50 g junger Spinat
200 g frischer Ricotta
frisch gemahlener schwarzer Pfeffer

Zum Servieren
75 g Pecorino, gerieben

Den Ofen auf 180 °C vorheizen. Die Tomaten, den Knoblauch, die Zwiebelstreifen und den Oregano auf einem Backblech verteilen und mit dem Öl beträufeln. Im Ofen 20–25 Minuten rösten, bis die Zutaten Farbe genommen haben und die Tomaten etwas schrumpelig sind.

Die Spaghetti in einem großen Topf in sprudelnd kochendem Salzwasser al dente kochen. Abtropfen lassen und mit der Tomatenmischung, dem Spinat und der Hälfte des Ricottas mischen. Auf Schalen verteilen und mit dem restlichen Ricotta garnieren. Mit frisch gemahlenem schwarzem Pfeffer und geriebenem Pecorino bestreuen und servieren.

Je nach Inhalt des Kühlschranks lässt sich dieses Gericht wunderbar abwandeln, so zum Beispiel mit Hähnchen an Stelle von Garnelen.

Reisnudeln mit Garnelen und Limetten

Für 2 Personen

125 g getrocknete Reisnudeln
10 rohe Garnelen, geschält, von den Därmen befreit und längs halbiert
2 EL Korma-Currypaste (indische Currypaste mit Kokos und Mandeln)
2 EL mild-aromatisches Pflanzenöl (ich nehme Rapsöl)
2 Eier, leicht verquirlt
4 Frühlingszwiebeln, in längliche Stücke geschnitten
125 ml Hühnerbrühe (siehe Seite 104)
2 EL Sojasauce

Zum Servieren
frisches Koriandergrün
Limettenspalten

Die Reisnudeln in einer Schüssel mit heißem Wasser übergießen und etwa 5 Minuten einweichen oder solange, bis sie weich sind. Gut abtropfen lassen und beiseite stellen. Die Garnelen in einer Schüssel gründlich mit der Currypaste mischen, bis sie damit überzogen sind.

Eine große Pfanne oder einen Wok bei starker Hitze heiß werden lassen. Einen Esslöffel des Öls kurz erhitzen, die verquirlten Eier hineingeben und 10 Sekunden ohne zu rühren stocken lassen; dann wie bei einem Rührei mit einem Holzspatel vom Rand in die Mitte der Pfanne schieben. Die Eier aus der Pfanne nehmen, sobald sie zu etwa drei Vierteln gestockt sind.

Die Pfanne oder den Wok mit Küchenpapier auswischen und erneut erhitzen. Das restliche Öl und die Garnelen hineingeben und 1–2 Minuten behutsam pfannenrühren. Die Frühlingszwiebeln hinzufügen und 1 weitere Minute unter Rühren garen. Die Hühnerbrühe und die Sojasauce zugießen, die Nudeln untermischen und noch 1–2 Minuten pfannenrühren, bis sämtliche Zutaten heiß sind. Das gestockte Ei unterziehen und das Gericht vom Herd nehmen. Auf 2 Schalen verteilen, mit dem Koriandergrün und den Limettenspalten garnieren und servieren.

Minutensteaks mit Zitrone

Für 4 Personen

4 Minutensteaks vom Rind (Entrecôte oder Hüftsteak; je 100 g)
Olivenöl
Meersalz
frisch gemahlener schwarzer Pfeffer

Zum Servieren
Zitronenspalten
Grüne Bohnen mit Tomaten und Chili (siehe unten)

Eine Pfanne bei starker Hitze heiß werden lassen. Die Steaks mit etwas Olivenöl einreiben und mit Salz und Pfeffer würzen. Von jeder Seite 1 Minute oder nach gewünschtem Gargrad braten. Mit Zitronenspalten garnieren und mit grünen Bohnen mit Tomaten und Chili servieren.

Grüne Bohnen mit Tomaten und Chili

Für 4 Personen

2 EL Olivenöl
3 Knoblauchzehen, in feine Scheiben geschnitten
1 kleine rote Chilischote, gehackt oder 1/2 TL getrocknete rote Chiliflocken
Meersalz
500 g Tomaten, gehackt
500 g grüne Bohnen, geputzt
frisch gemahlener schwarzer Pfeffer

Zum Servieren
gehackte frische glatte Petersilie

Einen Topf bei mäßig starker Hitze heiß werden lassen. Das Olivenöl, den Knoblauch, den Chili und eine großzügige Prise Meersalz zugeben und unter Rühren 30 Sekunden anbraten, bis der Knoblauch ein wenig Farbe genommen hat. Die Tomaten hinzufügen und bei mittlerer Hitze unter gelegentlichem Rühren 10 Minuten garen.

Inzwischen einen großen Topf mit Wasser bei starker Hitze zum Kochen bringen. Die Bohnen darin 4 Minuten kochen, abtropfen lassen, unter die Tomatenmischung mengen und mit etwas frisch gemahlenem schwarzem Pfeffer würzen. Wieder gut durchmischen und noch einige Minuten garen. Mit Petersilie bestreuen und servieren.

Sparen Sie bei Fischküchlein niemals an der Qualität der Zutaten und nehmen Sie nur allerbeste Mayonnaise aus Vollei oder bereiten Sie sie selbst zu.

Fischküchlein

Für 4 Personen

15 g Butter
2 Stangen Staudensellerie, fein gehackt
1 Lauchstange oder Zwiebel, fein gehackt
750 g weiß- und festfleischiges Fischfilet, von Haut und Gräten befreit und gewürfelt
250 g Mayonnaise von guter Qualität
3 EL Schnittlauchröllchen
1 kleine Handvoll gehackte frische glatte Petersilie
2–3 Tropfen Tabasco
360 g frische Vollkorn-Semmelbrösel
Meersalz
frisch gemahlener schwarzer Pfeffer
125 g Mehl
3 Eier, verquirlt
125 ml mild-aromatisches Pflanzenöl (ich verwende Oliven- oder Rapsöl)

Zum Servieren
Brunnenkressesalat mit Grapefruit (siehe unten)

Die Butter in einer Pfanne bei schwacher bis mäßiger Hitze zerlassen und den Sellerie darin 1 Minute glasig schwitzen. Den Lauch zugeben und 1–2 Minuten mitschwitzen. Beiseite stellen, kurz abkühlen lassen und in eine Schüssel füllen.

Den gewürfelten Fisch, die Mayonnaise, den Schnittlauch, die Petersilie, den Tabasco und 250 g der Semmelbrösel mit der Lauch-Sellerie-Mischung vermengen und mit Salz und frisch gemahlenem schwarzem Pfeffer würzen. Die Masse gut durchmischen und zu 12 Küchlein formen.

Das Mehl, die verquirlten Eier und die restlichen Semmelbrösel jeweils in getrennte Schüsseln füllen. Die Fischküchlein zunächst in dem Mehl wenden, dann durch das Ei ziehen und zuletzt mit den Semmelbröseln panieren. Für 30 Minuten in den Kühlschrank stellen, damit sie etwas fester werden.

Den Ofen auf 180 °C vorheizen. In einer Pfanne das Öl bei mäßig starker Hitze heiß werden lassen. Die Fischküchlein portionsweise einlegen und von jeder Seite 1–2 Minuten goldbraun und knusprig braten. Auf ein Backblech legen und im Ofen in 5–6 Minuten durchgaren. Die Fischküchlein warm servieren, dazu einen Brunnenkressesalat mit Grapefruit reichen.

Brunnenkressesalat mit Grapefruit

Für 4 Personen

2 Grapefruits
90 g Brunnenkresse, geputzt
2 Radieschen, in Spalten geschnitten
2 TL in Salz eingelegte Kapern, abgespült
3 EL bestes Olivenöl
Meersalz
frisch gemahlener schwarzer Pfeffer

Die Grapefruits mitsamt dem weißen Bast schälen und die einzelnen Fruchtfilets zwischen den Trennhäuten herauslösen. Mit der Brunnenkresse, den Radieschen und den Kapern in einer Schüssel vermengen. Aus den ausgelösten Fruchtresten $1\,^1/_2$ Esslöffel Saft herauspressen und mit dem Olivenöl verschlagen. Das Dressing mit Salz und Pfeffer abschmecken, über den Salat geben und behutsam unterheben.

Hähnchencurry mit Reis

Für 4 Personen

1 kg Hähnchenstücke mit Haut und Knochen
2 EL indisches Currypulver
1 EL Olivenöl
1 Zwiebel, gehackt
2 Knoblauchzehen, zerstoßen
300 g Basmati-Reis
750 ml Hühnerbrühe (siehe Seite 104)

Zum Servieren
150 g Joghurt
Gurkensalat mit Minze und Limettendressing (siehe rechts)

Den Ofen auf 200 °C vorheizen. Die Hähnchenteile in einer Schüssel mit dem Currypulver gründlich vermengen, sodass sie rundherum gut bedeckt sind. Einen fest verschließbaren Topf mit schwerem Boden bei mittlerer Hitze heiß werden lassen. Das Öl hineingeben und die Fleischstücke darin von allen Seiten braun anbraten. Herausnehmen und auf einen Teller legen.

In demselben Öl die Zwiebel und den Knoblauch anschwitzen, bis sie weich und goldgelb sind. Den Reis einstreuen und 2 Minuten unter Rühren anbraten. Die Hähnchenteile in einer Schicht nebeneinander auf den Reis legen und behutsam mit der Hühnerbrühe übergießen.

Den Topf verschließen und das Gericht im Ofen 45 Minuten schmoren, bis der Reis sämtliche Flüssigkeit aufgenommen hat und das Geflügel durchgegart ist. Mit dem Joghurt und dem Gurkensalat mit Minze und Limettendressing servieren.

Ein einfacher Gurkensalat mit Minze und Limettendressing schmeckt wunderbar zu diesem Gericht (wie auch zu vielen anderen indisch gewürzten Fleischspeisen). In einer Schüssel 2 in Scheiben geschnittene Minigurken, 3 in Stücke geschnittene Frühlingszwiebeln und 1 kleine Handvoll frischer Minzblätter vermengen und mit einem Dressing aus 1 Esslöffel Olivenöl, dem Saft einer Limette und einer Prise Meersalz anmachen.

Manchmal verwende ich lieber Pecorino als den allgegenwärtigen Parmesan. Pecorino ist ein italienischer Hartkäse aus Schafsmilch. Man kann ihn reiben oder mit einem Käsehobel oder Gemüseschäler in Späne schneiden.

Penne mit Auberginen und Chili

Für 4 Personen

1 große Aubergine, in Scheiben geschnitten
80 ml Olivenöl
Meersalz
4 Knoblauchzehen, in feine Scheiben geschnitten
2 rote Chilischoten, in feine Ringe geschnitten
2 Dosen gehackte Tomaten (je 400 g)
frisch gemahlener schwarzer Pfeffer
500 g Penne
1 kleine Handvoll gehackte frische glatte Petersilie

Zum Servieren
30 g Pecorino, gerieben oder gehobelt

Den Backofengrill vorheizen. Die Auberginenscheiben auf ein Backblech legen, mit der Hälfte des Öls bestreichen und rundherum salzen. Von beiden Seiten 3–6 Minuten grillen oder bis sie goldbraun sind, etwas abkühlen lassen und in mundgerechte Stücke schneiden.

Inzwischen eine Pfanne bei mäßiger Hitze heiß werden lassen und das restliche Öl hineingeben. Knoblauch und Chili mit etwas Salz 1 Minute darin anschwitzen. Die Tomaten zugeben, mit Pfeffer würzen und 10–15 Minuten köcheln lassen. Vorsichtig die Auberginenstücke untermischen.

Inzwischen die Pasta in reichlich kochendem Salzwasser al dente kochen. Gut abtropfen lassen und mit der Sauce und der Petersilie vermengen. Mit dem Pecorino servieren.

Erbsensuppe

Für 4 Personen

3 EL Olivenöl
3 Lauchstangen, nur die weißen Teile, gehackt
4 Knoblauchzehen, zerstoßen
Meersalz
frisch gemahlener schwarzer Pfeffer
500 g getrocknete grüne Splittererbsen, über Nacht eingeweicht und abgetropft
2 l Hühnerbrühe (siehe Seite 104)

Zum Servieren
3 EL gehackte frische glatte Petersilie
Schinken-Käse-Sandwiches (siehe unten)

Einen großen Topf bei mittlerer Hitze heiß werden lassen. Das Olivenöl, den Lauch und den Knoblauch hineingeben, salzen, pfeffern und unter Rühren anschwitzen, bis der Lauch glasig ist. Die Erbsen und die Hühnerbrühe zufügen und zum Kochen bringen. Die Temperatur herunterschalten und bei schwacher Hitze 40 Minuten köcheln lassen. Gelegentlich umrühren und den an der Oberfläche entstehenden Schaum abschöpfen.

Die Suppe in Schalen füllen, mit Petersilie bestreuen und mit Schinken-Käse-Sandwiches servieren.

Schinken-Käse-Sandwiches

Für 4 Personen

8 Scheiben helles Sauerteigbrot
1 EL Dijonsenf
4 dicke Scheiben Kochschinken
4 Scheiben Greyerzer oder Emmentaler
Meersalz
frisch gemahlener schwarzer Pfeffer
2 EL Olivenöl

Vier Brotscheiben mit dem Dijonsenf bestreichen. Mit je 1 Scheibe Schinken und Käse belegen und mit Salz und Pfeffer würzen. Die restlichen Brotscheiben auflegen, sodass Sandwiches entstehen.

Eine große, beschichtete Pfanne bei mäßiger Hitze heiß werden lassen. Die Hälfte des Olivenöls hineingeben und durch Schwenken gleichmäßig auf dem Pfannenboden verteilen. Zwei Sandwiches einlegen und mit dem Boden einer zweiten Pfanne etwas flach drücken. (Ich beschwere die Pfanne oft zusätzlich mit einigen Konserven, so werden die Toasts schön knusprig.) Die Sandwiches von der einen Seite in 1–2 Minuten goldbraun braten, wenden, erneut beschweren und von der anderen Seite ebenfalls goldbraun braten. Die restlichen Sandwiches in gleicher Weise zubereiten.

Suppen koche ich gerne in größeren Mengen, weil man sie so schön einfrieren kann. Dazu lassen Sie bei dieser Suppe den frischen Koriander zunächst weg und geben ihn erst nach dem erneuten Erhitzen zu, sonst verliert er seine schöne Farbe.

Würzige Kürbissuppe

Für 4 Personen

1 EL Olivenöl
1 rote Zwiebel, in Scheiben geschnitten
2,5 cm frischer Ingwer, in Scheiben geschnitten
2 TL thailändische rote Currypaste
1,6 kg Butternusskürbis, geschält, von den Samen befreit und gewürfelt
170 ml Kokosmilch
1 EL Fischsauce (Asia-Markt, z.B. Nam pla oder Nuoc mam)
1 EL Limettensaft
1–2 TL Zucker (oder nach Geschmack)

Zum Servieren

1 kleine Handvoll frische Korianderblätter, grob gehackt

Einen großen Topf bei mäßiger Hitze heiß werden lassen. Das Olivenöl, die Zwiebel, den Ingwer und die Currypaste zugeben und 1 Minute anschwitzen, bis die Mischung aromatisch duftet. Das Kürbisfleisch zufügen und gut umrühren, bis es gleichmäßig mit der Paste überzogen ist. Einen Liter Wasser zugießen und zum Kochen bringen. Die Hitze etwas reduzieren und 30 Minuten köcheln lassen, bis der Kürbis weich ist.

Die Mischung in der Küchenmaschine pürieren, bis sie glatt ist. Zurück in den Topf geben, die Kokosmilch zugießen und mit der Fischsauce, dem Limettensaft und dem Zucker würzen. Die Suppe vor dem Servieren nochmals behutsam erhitzen. Mit den Korianderblättern garnieren und servieren.

Vollkornnudeln mit Würstchen

Für 4 Personen

1 EL Olivenöl
4 grobe Bratwürste (z.B. Bauern-bratwurst, Salsiccia fresca oder Chipolata)
1 rote Zwiebel, in Spalten geschnitten
1 rote Paprika, grob gehackt
2 Knoblauchzehen, zerstoßen
2 Dosen gehackte Tomaten (je 400 g)
1/2 TL getrocknete rote Chiliflocken
1 TL Zucker
Meersalz
2 EL frischer Oregano
500 g Vollkornweizen-Spiralnudeln (Fusilli)

Das Öl in einem Topf oder einer Pfanne bei mäßig starker Hitze heiß werden lassen und die Würste darin 6 Minuten braten, dabei gelegentlich wenden. Auf einen Teller legen. Die Temperatur auf mittlere Hitze herunterschalten und in demselben Öl die Zwiebel, die Paprika und den Knoblauch 4 Minuten anschwitzen. Die Tomaten, die Chiliflocken, den Zucker, Salz und den Oregano zugeben und das Ganze etwa 10 Minuten sanft garen, bis die Sauce eingedickt ist. Die Wurst in Scheiben schneiden, zurück in die Pfanne geben und alles noch 2 Minuten erhitzen.

Inzwischen die Nudeln in einem großen Topf mit kochendem Salzwasser al dente kochen. Gut abtropfen lassen, die Sauce darübergeben und servieren.

Rindfleisch Stroganoff mit Butternudeln

Für 4 Personen

2 Rumpsteaks (je 400 g)
1–2 EL Olivenöl
Meersalz
frisch gemahlener schwarzer Pfeffer
2 EL Butter
1 große rote Zwiebel, in Ringe geschnitten
2 Knoblauchzehen, fein gehackt
500 g Champignons, in Scheiben geschnitten
2 TL gehackter frischer Thymian
2 EL Tomatenmark
2 EL Dijonsenf
180 g Crème fraîche
500 g Bandnudeln (Fettucine oder Tagliatelle)
2 EL Olivenöl für die Nudeln

Zum Servieren
gehackte frische glatte Petersilie

Die Steaks vollständig von Fett und Sehnen befreien und in dünne Streifen schneiden. Eine große Pfanne mit schwerem Boden bei starker Hitze heiß werden lassen. Einen Esslöffel des Öls und 1 Handvoll Fleischstreifen hineingeben, mit Salz und Pfeffer würzen und rundherum scharf anbraten. Sobald das Fleisch Farbe genommen hat, herausheben und auf einen warmen Teller legen. Auf diese Weise sämtliches Fleisch anbraten; bei Bedarf weiteres Öl zugeben.

In derselben Pfanne 1 Esslöffel der Butter aufschäumen, die Zwiebelringe und den Knoblauch darin andünsten, bis die Zwiebel weich ist. Die Champignons und den Thymian zugeben und 4 Minuten garen, bis der größte Teil der Flüssigkeit verdampft ist. Das Tomatenmark einrühren und 1 Minute mitgaren. Das angebratene Fleisch zurück in die Pfanne geben und den Dijonsenf unterrühren. Zuletzt die Crème fraîche unterziehen.

Die Nudeln in einem großen Topf mit kochendem Salzwasser al dente kochen und abtropfen lassen. Das Olivenöl und die restliche Butter dazugeben, salzen, pfeffern und gründlich vermengen. Die Nudeln auf 4 Tellern anrichten und das Fleisch mit der Sauce darüber verteilen. Mit der Petersilie garnieren und servieren.

Eine meiner Leibspeisen, als ich ein Kind war.

Fleischbällchen mit Tomatensauce

Für 4–6 Personen

500 g Rinderhackfleisch oder gemischtes Schweine- und Kalbshackfleisch
1 kleine Zwiebel, gerieben
55 g frische Semmelbrösel
3 EL gehackte glatte Petersilie
3 EL gehackte Korianderblätter
1 Ei, leicht verquirlt
1 TL gemahlener Kreuzkümmel
1 TL Paprikapulver, edelsüß
2 rote Chilischoten, fein gehackt
Meersalz
frisch gemahlener schwarzer Pfeffer
3 EL Olivenöl
2 Dosen gehackte Tomaten (je 400 g)
1/2 TL Zucker

Zum Servieren
Röstkartoffeln mit Chili (siehe unten)

Den Ofen auf 220 °C vorheizen. Das Hackfleisch in einer großen Schüssel mit der Zwiebel, den Semmelbröseln, der Petersilie, den Korianderblättern, Ei, Kreuzkümmel, Paprikapulver und der Hälfte des Chilis vermengen und kräftig mit Salz und Pfeffer würzen. Die Mischung mit den Händen behutsam durcharbeiten und zu kleinen Bällchen formen (das geht einfacher, wenn man die Hände etwas befeuchtet).

Die Fleischbällchen in eine ofenfeste Pfanne legen, mit dem Olivenöl übergießen und vorsichtig darin wenden und im Ofen 10–15 Minuten braten. In eine Bratpfanne umfüllen, die Tomaten, den Zucker und den restlichen Chili zugeben und mit Salz und Pfeffer abschmecken. Die Fleischbällchen vorsichtig in der Mischung wenden, sodass sie rundherum schön bedeckt sind, und auf dem Herd bei mittlerer Hitze in 20 Minuten fertig garen. Dazu Röstkartoffeln mit Chili servieren.

Röstkartoffeln mit Chili

Für 4–6 Personen

1 kg Kartoffeln, geschält und grob gewürfelt
2 EL Olivenöl
Meersalz
1 lange rote Chilischote, in feine Streifen geschnitten
3 Frühlingszwiebeln, in dünne Scheiben geschnitten
1 kleine Handvoll gehackte frische Korianderblätter

Den Ofen auf 220 °C vorheizen. Die Kartoffelwürfel rundherum in dem Olivenöl wenden, auf einem Backblech ausbreiten und mit Meersalz würzen. Im Ofen 40 Minuten rösten, bis sie goldbraun und knusprig sind. Zwischendurch einmal wenden. Mit den Chilistreifen, den Frühlingszwiebeln und den Korianderblättern bestreuen und vor dem Servieren noch 2 Minuten im Ofen erhitzen.

Marcella Hazan, meine italienische Lieblingsköchin, empfiehlt für diesen Risotto große, cremefarbene getrocknete Steinpilze. Päckchen mit kleinen, dunklen, krümeligen Stückchen sollte man meiden. Spülen Sie sandige Pilze vor dem Einweichen unter fließendem Wasser ab. Marcella rät außerdem, das Einweichwasser zu filtern, wenn sich am Schüsselboden Sand absetzt. Das Wasser einfach durch ein mit Mull oder Küchenpapier ausgelegtes Sieb gießen.

Steinpilzrisotto

Für 2 Personen

10 g getrocknete Steinpilze
1 EL Olivenöl
1 weiße Zwiebel, fein gehackt
Meersalz
25 g Butter
250 g Arborio-Reis
500 ml Hühnerbrühe (siehe Seite 104)
50 g geriebener Parmesan
frisch gemahlener schwarzer Pfeffer

Zum Servieren

3 EL grob gehackte frische glatte Petersilie
2 EL geriebener Parmesan

Die Steinpilze 30 Minuten in lauwarmem Wasser einweichen.

Einen großen Topf mit schwerem Boden erhitzen. Das Olivenöl, die Zwiebel, Salz und die Hälfte der Butter hineingeben und die Zwiebel bei schwacher Hitze unter gelegentlichem Rühren glasig schwitzen, aber nicht bräunen. Den Reis einstreuen und einige Minuten mitschwitzen, bis die Körner glänzen. Die Temperatur auf starke Hitze erhöhen, die eingeweichten Steinpilze, das Einweichwasser und die Hühnerbrühe zugeben und zum Kochen bringen. Die Hitze wieder reduzieren und alles zugedeckt 15 Minuten köcheln lassen; regelmäßig umrühren. Den Risotto vom Herd nehmen, den Parmesan und die restliche Butter unterziehen und mit schwarzem Pfeffer würzen. Mit Petersilie und geriebenem Parmesan bestreuen und servieren.

Manche finden Risottorühren entspannend – ich gehöre nicht dazu!

Zu diesem Gericht serviere ich gern geröstete Parmesan-Kartoffeln. Dazu 800 g Kartoffeln schälen, vierteln und bissfest kochen. Dann mit 3 Esslöffeln Olivenöl, etwas Meersalz, schwarzem Pfeffer und 50 g Parmesan vermengen und in einer Bratenpfanne im Ofen bei 220 °C 30 Minuten rösten. Die Pfanne ab und zu rütteln, damit die Kartoffeln nicht ansetzen.

Gebratene Hähnchenkeulen und Schwarzkohl mit Knoblauch und Chili

Für 4 Personen

4 ausgelöste Hähnchenoberschenkel mit Haut
1 EL Olivenöl, plus 1 TL extra
Meersalz
frisch gemahlener schwarzer Pfeffer
1 Knoblauchzehe, in Scheiben geschnitten
1/2 lange rote Chilischote, grob gehackt
1 TL abgeriebene Schale von 1 unbehandelten Zitrone
1 EL Zitronensaft
300 g Schwarzkohl (Cavolo nero, ersatzweise Grünkohl), geputzt

Zum Servieren
Zitronenspalten
Geröstete Parmesan-Kartoffeln (siehe links)

Eine Pfanne bei mittlerer Hitze heiß werden lassen. Die Hähnchenschenkel mit 1 Esslöffel Öl bestreichen. Salzen, pfeffern, in die Pfanne legen und mit dem Boden einer zweiten Pfanne flach drücken (ich beschwere die Pfanne oft zusätzlich mit einigen Konserven, so wird die Haut schön knusprig). Von jeder Seite 3–4 Minuten braten, bis das Fleisch durchgegart ist. Aus der Pfanne nehmen und beiseite stellen.

Die Pfanne bei mittlerer bis starker Hitze erneut heiß werden lassen. Das Extraöl, den Knoblauch, Chili und die Zitronenschale zugeben und 1 Minute goldgelb schwitzen. Den Zitronensaft und den Kohl hinzufügen und 2 Minuten garen oder bis die Blätter gerade zusammengefallen sind. Die Hähnchenschenkel mit den Zitronenspalten garnieren und mit dem Schwarzkohl und gerösteten Parmesan-Kartoffeln servieren.

Kaufen Sie frische Lasagne von guter Qualität (Sie benötigen etwa 12 große Blätter). Einweichen oder Vorgaren ist nicht erforderlich. Die Teigblätter einfach auf die Größe der Lasagneform zurechtschneiden.

Schinkenlasagne

Für eine Form von 25 x 35 cm (6 Personen)

3 Dosen gehackte Tomaten (je 400 g)
500 g Kirschtomaten
3 Knoblauchzehen, zerstoßen
2 EL Olivenöl
Meersalz
600 g frische Lasagne-Blätter
12 dicke Scheiben gekochter Schinken, zerpflückt
750 g frischer Ricotta
450 g Mozzarella, in Scheiben geschnitten
100 g Parmesan, gerieben
frisch gemahlener schwarzer Pfeffer
1 EL Olivenöl, extra

Zum Servieren

1 kleine Handvoll frische Basilikumblätter

Den Ofen auf 180 °C vorheizen. Die gehackten Tomaten und die Kirschtomaten in einem Topf zum Kochen bringen und bei schwacher Hitze 20–25 Minuten köcheln lassen. Den Knoblauch und das Olivenöl unterrühren, mit einer großzügigen Prise Salz abschmecken und noch 1 Minute garen.

Die Lasagne-Blätter für eine Backform von 25 x 35 cm Größe zurechtschneiden. Die Form mit etwas Olivenöl einfetten und 3 Esslöffel der Tomatensauce auf dem Formboden verteilen. Den Boden mit Teigblättern auskleiden, 1/8 der Tomatensauce darauf verstreichen und mit je 1/8 des Schinkens, des Ricottas und des Mozzarellas belegen. Mit weiteren Lasagne-Blättern bedecken. Diesen Vorgang Schicht für Schicht wiederholen, bis sämtliche Zutaten verbraucht sind. Zuletzt mit dem Parmesan, Salz und Pfeffer bestreuen und mit dem Extra-Olivenöl beträufeln.

Die Lasagne mit Alufolie bedecken und im Ofen 20 Minuten backen. Die Folie entfernen und die Lasagne weitere 30 Minuten backen, bis sich eine goldgelbe Kruste gebildet hat. Mit den Basilikumblättern garnieren und servieren.

Ich bereite immer zwei Formen Lasagne zu, eine für sofort und die andere für die Gefriertruhe.

Limetten lassen sich leichter auspressen, wenn man sie zuvor mit etwas Druck auf der Arbeitsfläche hin- und herrollt.

Rotes Fischcurry mit Süßkartoffeln

Für 4 Personen

2 EL mild-aromatisches Pflanzenöl (ich verwende Rapsöl)
1 Zwiebel, in Streifen geschnitten
2 Knoblauchzehen, in Scheiben geschnitten
2 EL thailändische rote Currypaste
375 ml Hühnerbrühe (siehe Seite 104)
125 ml Kokosmilch
350 g Süßkartoffeln (möglichst mit orangefarbenem Fleisch), geschält und gewürfelt
200 g Spargelbohnen (Asia-Markt), geputzt und in lange Stücke geschnitten
750 g weiß- und festfleischiges Fischfilet (ich nehme am liebsten Snapper), in große Stücke geschnitten
200 g Kirschtomaten
3 EL Limettensaft
1 EL Fischsauce (Asia-Markt, z.B. Nam pla oder Nuoc mam)

Zum Servieren
frische Korianderblätter
gedämpfter Reis

Einen Topf bei starker Hitze heiß werden lassen. Das Öl darin kurz erhitzen und die Zwiebel darin 2 Minuten unter Rühren anschwitzen. Den Knoblauch zugeben, 1 Minute mitschwitzen, dann die Currypaste hinzufügen und 1 weitere Minute rühren oder bis die Mischung aromatisch duftet.

Die Hühnerbrühe, die Kokosmilch und die Süßkartoffeln zugeben und bei mäßiger Hitze 15–20 Minuten garen oder bis das Gemüse fast weich ist. Die Bohnen, den Fisch und die Kirschtomaten untermengen und zugedeckt noch 5 Minuten köcheln lassen, bis der Fisch durchgegart ist. Den Limettensaft und die Fischsauce unterrühren, mit Korianderblättern bestreuen und mit gedämpftem Reis servieren.

Rigatoni Puttanesca mit frischen Oliven

Für 4 Personen

500 g Rigatoni
2 EL Olivenöl
10 Sardellenfilets, gehackt
1 rote Chilischote, gehackt (nach Belieben)
1/2 rote Zwiebel, in feine Streifen geschnitten
250 g gelbe Cocktailtomaten, halbiert
3 EL in Salz eingelegte Kapern, abgespült
20 grüne Oliven, entsteint und halbiert
2 EL Rotweinessig
Meersalz
frisch gemahlener schwarzer Pfeffer

Zum Servieren
1 kleine Handvoll frische Basilikumblätter

Die Rigatoni in einem großen Topf in kochendem Salzwasser al dente kochen. Während die Pasta gart, das Öl, die Sardellen und die Chilischote (falls verwendet) in einer Schüssel vermengen und diese auf den Pasta-Topf setzen, damit sich die Mischung langsam erwärmt.

Die Rigatoni abgießen, kurz abtropfen lassen und mit der Zwiebel, den Cocktailtomaten, Kapern, Oliven, dem Essig, Salz, Pfeffer und der Sardellenmischung gründlich vermengen. Die Basilikumblätter darüber streuen und servieren.

Ich finde, getrocknete Pasta harmoniert gut mit sommerlichen Aromen, während frische Pasta zu herzhafteren Saucen passt.

Bistecca alla Pizzaiola

Für 2 Personen

2 T-Bone-Steaks (je 2 cm dick)
bestes Olivenöl zum Bestreichen
Meersalz
frisch gemahlener schwarzer Pfeffer
125 ml Weißwein
250 g Tomatensauce von guter Qualität
1/4 TL getrocknete rote Chiliflocken
1 EL frischer Oregano

Zum Servieren
1 EL gehackte frische glatte Petersilie
Röstkartoffeln (siehe unten)

Eine große Pfanne bei starker Hitze heiß werden lassen. Die Steaks von beiden Seiten mit Olivenöl einreiben, mit Salz und Pfeffer würzen und von jeder Seite 1 Minute scharf anbraten. Aus der Pfanne nehmen und beiseite stellen. Die Pfanne mit dem Wein ablöschen und diesen unter Rühren 1 Minute etwas einkochen lassen. Die Tomatensauce, die Chiliflocken und den Oregano zugeben und gut verrühren.

Die Steaks zurück in die Pfanne legen und bei mittlerer Hitze weitere 5 Minuten garen. Das Fleisch nach der Hälfte der Garzeit wenden. Mit der Petersilie bestreuen und mit Röstkartoffeln servieren.

Röstkartoffeln

Für 2 Personen

6 kleine neue Kartoffeln
Meersalz
3 EL geriebener Parmesan
2 EL Olivenöl
frisch gemahlener schwarzer Pfeffer
1 TL abgeriebene Schale von 1 unbehandelten Zitrone
1 Knoblauchzehe, zerstoßen

Den Ofen auf 220 °C vorheizen. Die Kartoffeln in kochendem Salzwasser in 15 Minuten bissfest garen. Abtropfen und etwas abkühlen lassen.

Die Kartoffeln auf einem Backblech verteilen und mit dem Handballen, einer Gabel oder einem Kartoffelstampfer ganz leicht andrücken. Den Parmesan, das Olivenöl, Salz, Pfeffer, die Zitronenschale und den Knoblauch vermengen und über den Kartoffeln verteilen. Im Ofen 25 Minuten backen, bis sie goldbraun und knusprig sind.

Inspiriert sind diese Röstkartoffeln von Jill Dupleix, einer meiner Lieblingsköchinnen.

Paprikahähnchen mit Chorizo

Für 4 Personen

1 Hähnchen (etwa 1,6 kg), in 8 Stücke zerteilt
Meersalz
frisch gemahlener schwarzer Pfeffer
1 TL Paprikapulver, edelsüß
1 EL Olivenöl
2 Koch-Chorizos (spanische Paprikawurst), in Scheiben geschnitten
2 Zwiebeln, in feine Streifen geschnitten
2 rote Paprika, in Streifen geschnitten
2 grüne Paprika, in Streifen geschnitten
6 Knoblauchzehen, in dünne Scheiben geschnitten
500 ml Hühnerbrühe (siehe Seite 104)
1 Dose gehackte Tomaten (400 g)
1 EL Tomatenmark

Zum Servieren
Reis mit Dicken Bohnen (siehe unten)

Die Hähnchenteile rundherum großzügig mit Salz, Pfeffer und dem Paprikapulver würzen. Einen großen Schmortopf erhitzen, das Öl zugeben und die Chorizoscheiben darin knusprig braten. Herausnehmen und in demselben Öl in 2 Durchgängen die Hähnchenteile von jeder Seite 5 Minuten bräunen. Das Fleisch herausheben, überschüssiges Fett weggießen und den Topf bei starker Hitze wieder heiß werden lassen.

Die Zwiebeln zugeben, leicht salzen und 5 Minuten anbraten. Die Paprikastreifen und den Knoblauch hinzufügen und 10 Minuten unter gelegentlichem Rühren garen. Die Hähnchenteile darauflegen. Die Hühnerbrühe mit den Tomaten und dem Tomatenmark verrühren und darübergießen. Bei mittlerer bis schwacher Hitze 20 Minuten köcheln lassen. Gelegentlich wenden.

Die Hähnchenstücke herausnehmen, die Sauce zum Kochen bringen und 10–15 Minuten köcheln lassen, damit sie eindickt. Das Fleisch und die Chorizo kurz in der Sauce erhitzen und mit Reis und Dicken Bohnen servieren.

Reis mit Dicken Bohnen

Für 4 Personen

400 g Langkornreis
1 Zitrone, halbiert
350 g Dicke Bohnen, blanchiert und geschält; oder Erbsen
Meersalz
1 EL gehackte frische glatte Petersilie

Einen großen Topf mit Wasser bei starker Hitze zum Kochen bringen. Reis und Zitronensaft darin 15 Minuten unter gelegentlichem Rühren garen. Abgießen, zurück in den Topf geben und die Bohnen untermischen. Mit Salz abschmecken und die Petersilie unterheben. Den Topf bis zum Servieren mit einem Deckel verschließen (so kann der Reis etwa 20 Minuten stehen bleiben).

Pimento ist spanischer Paprika. Der geräucherte Pimento de la vera hat ein süßlich-rauchiges Speckaroma, das wunderbar zu Hähnchen, Seafood und Kartoffeln passt. Falls Sie ihn nicht bekommen, greifen Sie ersatzweise zu herkömmlichem edelsüßem Paprikapulver.

Apfel-Passionsfrucht-Crumble

Für 4 Personen

6 Granny-Smith-Äpfel, geschält, entkernt und in dünne Scheiben geschnitten
110 g Zucker
Fruchtfleisch von 8 Passionsfrüchten

Zum Servieren
Vanilleeis oder Sahne

Für die Streusel
130 g Haferflocken
125 g brauner Zucker
40 g Mehl
100 g weiche Butter

Den Ofen auf 180 °C vorheizen und eine Backform mit 2 Liter Fassungsvermögen einfetten. Die Äpfel, den Zucker und das Passionsfruchtfleisch vermengen und in die Form füllen.

Die Haferflocken, den braunen Zucker, das Mehl und die Butter mit den Händen zu einer krümeligen Masse verarbeiten. Die Mischung gleichmäßig über den Früchten verteilen und im Ofen in 25–30 Minuten goldbraun backen. Mit Vanilleeis oder Sahne servieren.

Vanilleeis mit Karamellsauce und Pekannüssen

Für 6 Personen

180 g brauner Zucker
250 g Sahne
2 TL Bourbon-Vanillezucker
20 g Butter

Zum Servieren
Vanilleeis
Geröstete Pekannüsse

In einer kleinen Pfanne den Zucker, die Sahne, den Vanillezucker und die Butter bei mittlerer Hitze vermengen. Gut umrühren, langsam zum Kochen bringen und 10 Minuten unter gelegentlichem Rühren köcheln lassen oder bis ein dicker, sirupartiger Karamell entstanden ist. Etwas abkühlen lassen. Das Vanilleeis in Schalen anrichten, mit dem Karamell übergießen und mit gerösteten Pekannüssen garnieren. Servieren.

Solche Leckereien mache ich am liebsten am Abend, wenn die Kinder im Bett sind.

Gemütliche Tage

Ich lade wirklich gern Freunde zum Essen zu uns nach Hause ein. Aber es kommt vor, dass ich Besuch erwarte und irgendetwas bei den Vorbereitungen schief läuft oder ich mich lieber mit einem Glas Wein bei einem gemütlichen Plausch entspanne statt in die Küche zu hetzen. Gäste bewirten ist im Grunde ganz einfach, wenn man einige selbst gemachte Gerichte mit einer Auswahl gekaufter Speisen kombiniert. Das spart viel Zeit und Stress, besonders wenn man ohnehin kaum eine Minute übrig hat und mit den Kräften haushalten muss. Warum also nicht ein bisschen »mogeln« und das eine oder andere fertig kaufen und dafür mehr Zeit für einen Schwatz mit Freunden und Familie haben?

Indische Tafel

Besorgen Sie von Ihrem Lieblings-Inder Tandoori-Hähnchen mit Basmati-Reis, Naan (Fladenbrot) und, falls Sie möchten, ein paar indische Süßigkeiten. Das Mango-Chutney steht ohnehin im Kühlschrank, und alles, was dann noch vorzubereiten bleibt, ist eine Spinat-Raita, Dhal (Linsengericht) und ein einfacher Tomatensalat.

Indische Süßigkeiten sind ein ungewöhnlicher und darum um so wirkungsvollerer Abschluss eines Essens. Versuchen Sie kleine Stückchen Möhren-Halva, Burfi (Konfekt) mit Pistazien und Jalebi (mit Safransirup getränktes Gebäck).

Spinat-Raita

Für 4–6 Personen

350 g Spinat, geputzt
500 g Joghurt
2 Knoblauchzehen, zerstoßen
Meersalz
frisch gemahlener schwarzer Pfeffer

Den Spinat waschen und tropfnass in einen mittelgroßen Topf geben. Zugedeckt bei mittlerer Hitze 3–5 Minuten garen, bis er zusammengefallen ist, dabei gelegentlich umrühren. Den Spinat in ein Sieb geben und sorgfältig das Wasser herauspressen. Den Joghurt mit dem Knoblauch glatt rühren und mit Salz und Pfeffer abschmecken. Den Spinat unterziehen und bis zum Servieren in den Kühlschrank stellen.

Tomatensalat mit Limette

Für 4–6 Personen

500 g Kirschtomaten, halbiert
1–2 grüne Chilischoten, fein gehackt
2 Knoblauchzehen, zerstoßen
1 EL Limettensaft
1/4 TL Meersalz
1/2 TL Zucker

Sämtliche Zutaten behutsam miteinander vermengen.

Wenn Sie Dhal lieber etwas milder mögen, befreien Sie die Chilischoten zuvor von den Samen; mögen Sie ihn feurig, lassen Sie sie dran.

Mein Dhal

Für 4–6 Personen

2 EL Olivenöl
1 rote Zwiebel, in feine Streifen geschnitten
2,5 cm frischer Ingwer, geschält und gerieben
3 Knoblauchzehen, in feine Scheiben geschnitten
1 große grüne Chilischote, fein gehackt
1 TL Meersalz
1 TL gemahlener Kreuzkümmel
250 g rote Linsen
1 EL Limettensaft

Zum Servieren
1 kleine Handvoll frische Korianderblätter
Naan (indisches Fladenbrot)

Einen Topf mit schwerem Boden bei mittlerer Hitze heiß werden lassen. Das Olivenöl kurz erhitzen, die Zwiebel, den Ingwer, Knoblauch und Chili zugeben, mit dem Salz und Kreuzkümmel würzen und 10 Minuten unter gelegentlichem Rühren anschwitzen, bis die Zwiebel weich ist. Die Linsen und 750 ml Wasser hinzufügen und 20 Minuten garen, bis die Linsen zerfallen. Regelmäßig umrühren.

Den Topf vom Herd nehmen und den Limettensaft unterrühren. Mit den Korianderblättern bestreuen und mit Naan servieren.

Ich esse Hülsenfrüchte für mein Leben gern.
Aber vergessen Sie nicht, sie kräftig zu würzen.

New York Brunch

Sie kaufen eine Tüte frische Bagels, bestreichen sie mit Frischkäse (den Sie mit Zitronensaft, Kapern und Schnittlauch verfeinern können) und belegen sie mit Räucherlachs und Zwiebel-Petersiliensalat. Dann drapieren Sie noch dünne Scheiben Pastrami und Schweizer Käse auf Roggenbrotscheiben und garnieren sie mit Dillgurken. Sie kochen eine Kanne allerbesten Kaffee und servieren dazu einen selbst gebackenen gestürzten Pflaumenkuchen.

Rote-Zwiebel-Salat mit Petersilie

Für 6 Bagels

1 rote Zwiebel, in feine Ringe geschnitten
1 EL in Salz eingelegte Kapern, abgespült
1 kleine Handvoll gehackte frische glatte Petersilie
3 EL Zitronensaft
Meersalz

Zum Servieren
Doppelrahmfrischkäse
geräucherter Lachs
Bagels

Sämtliche Zutaten für den Salat behutsam miteinander vermengen. Die Bagels mit dem Frischkäse bestreichen, mit dem Räucherlachs belegen und mit etwas Rote-Zwiebel-Salat garnieren.

Dass man den Kaffee in einem französischen Pressbereiter vor dem Filtern etwas ziehen lassen soll, ist eher ein Gerücht. Den Kaffee mit dem nicht mehr siedenden Wasser überbrühen, kurz umrühren und sofort den Filterstab herunterpressen, um durch Druck das Aroma zu extrahieren – nach demselben Prinzip funktioniert auch eine Espressomaschine.

Gestürzter Pflaumenkuchen

Für eine ofenfeste Pfanne von 28 cm Ø, ergibt 10–12 Stück

850 g Pflaumen
50 g weiche Butter
120 g Zucker
1 EL Zitronensaft

Für den Teig
100 g Butter
225 g Zucker
4 Eier, getrennt
2 TL Bourbon-Vanillezucker
155 g Mehl
2 TL Backpulver
1 TL gemahlener Zimt
1 Prise Salz

Zum Servieren
Schlagsahne oder Crème fraîche

Den Ofen auf 180 °C vorheizen. Das Fruchtfleisch der Pflaumen an beiden Seiten des Steins abschneiden, sodass »Bäckchen« entstehen. Die Steine wegwerfen. Einen Karamell zubereiten: In einer ofenfesten Pfanne die Butter bei schwacher Hitze zerlassen. Den Zucker mit dem Zitronensaft zugeben und unter Rühren auflösen. Die Temperatur erhöhen und den Zucker in 5–6 Minuten goldgelb karamellisieren lassen. Die Pflaumen in dem Karamell wenden und 2 Minuten sanft darin garen.

Für den Teig die Butter und den Zucker hellgelb und schaumig schlagen. Nacheinander die Eigelbe zugeben, dabei jedes Eigelb einzeln vollständig einarbeiten; dann den Vanillezucker unterrühren. Das Mehl, Backpulver, den Zimt und das Salz darübersieben und den Teig glatt rühren. In einer sauberen, trockenen Schüssel die Eiweiße steif schlagen und mit einem Metalllöffel vorsichtig unterheben. Den Teig über die Pflaumen in die Pfanne gießen und glatt streichen.

Den Kuchen im Ofen 40 Minuten backen. Zur Garprobe mit einem Spieß einstechen. Kommt er sauber wieder heraus, ist der Kuchen fertig. Den Kuchen kurz ruhen lassen und vorsichtig stürzen. Mit geschlagener Sahne oder Crème fraîche servieren.

Granatapfelsirup ist ein dunkelbraunes Konzentrat, das durch Einkochen aus dem Saft der Früchte gewonnen wird. Er hat ein volles, säuerliches Aroma, das sehr gut zu Dressings oder Marinaden passt. Sie finden ihn in arabischen Lebensmittelgeschäften. Ersatzweise können Sie auch den etwas weniger konzentrierten Grenadine nehmen.

Mezze-Picknick

Libanesische Mezze sind ideal für ein Picknick im Freien. Dazu kaufen Sie eingelegte Oliven und Pitta-Brot, braten Scheiben von Haloumi-Käse, die Sie mit gehacktem Chili und Zitronensaft würzen, bereiten Hummus, Taboule und Mangoldröllchen zu (oder Sie kaufen Dolmades, wenn die Zeit zu knapp ist) und packen als krönenden Abschluss türkischen Honig ein.

Taboule

Für 4 Personen

60 g Bulgur
2 Tomaten, in kleine Würfel geschnitten
1 Minigurke, in kleine Würfel geschnitten
4 Frühlingszwiebeln, in Ringe geschnitten
1 große Handvoll grob gehackte frische glatte Petersilie
1 große Handvoll grob gehackte frische Minze
2 EL bestes Olivenöl
1 EL Zitronensaft
1 EL Granatapfelsirup
Meersalz

Den Bulgur in 125 ml Wasser quellen lassen. In einer Schüssel die Tomaten, die Gurke, die Frühlingszwiebeln, die Petersilie, die Minze und den Bulgur vermengen. Das Olivenöl, den Zitronensaft, den Granatapfelsirup sowie etwas Salz zugeben und alles gründlich durchmischen. Servieren.

Mangoldröllchen

Für etwa 35 Stück

2 Stauden Mangold (etwa 35 Blätter)
Meersalz
1 EL Zitronensaft

Für die Füllung
180 g Kichererbsen aus der Dose (Abtropfgewicht)
200 g Langkornreis
250 g gehackte Dosentomaten
2 rote Zwiebeln, fein gewürfelt
1 1/2 TL gemahlener Kreuzkümmel
1 TL Paprikapulver, edelsüß
1 kleine Handvoll gehackte frische glatte Petersilie
Meersalz
frisch gemahlener schwarzer Pfeffer
1 lange rote Chilischote, fein gewürfelt
2 EL fein gehackte frische Minze

Zum Servieren
Olivenöl
Zitronenspalten

Die Mangoldblätter gründlich waschen; Stiele und Blattrippen abschneiden. Die Blätter zu Quadraten von 10 cm Kantenlänge zurechtschneiden; mit den Abschnitten eine Pfanne mit hohem Rand auslegen. Die Mangoldquadrate in kochendem Wasser blanchieren. Unter fließendem Wasser kalt abschrecken und in einem Sieb abtropfen lassen.

Sämtliche Zutaten für die Füllung verrühren. Ein Mangoldblatt auf die Arbeitsfläche legen (es sollte keine Risse haben) und 1 Esslöffel der Füllung in die Mitte setzen. Das Blatt über die Füllung schlagen, zur Hälfte aufrollen, die Enden einschlagen und gänzlich aufrollen. Die restlichen Blätter ebenso füllen und aufrollen.

Die fertigen Röllchen dicht an dicht in die vorbereitete Pfanne legen. Salzen, mit dem Zitronensaft beträufeln und 125 ml Wasser zugießen. Zugedeckt zum Kochen bringen, die Hitze reduzieren und 20–30 Minuten garen (die Pfanne darf nicht zu trocken werden; nötigenfalls noch etwas Wasser zugeben). Die Mangoldröllchen mit Olivenöl beträufeln und mit Zitronenspalten servieren.

Einfacher Hummus

Für 4 Personen

440 g Kichererbsen aus der Dose (Abtropfgewicht)
1/2 TL gemahlener Kreuzkümmel
2 EL gehackte frische Korianderblätter
2 EL Zitronensaft
Meersalz
frisch gemahlener schwarzer Pfeffer
1 EL Tahin (Sesampaste; nach Belieben)

Zum Servieren
1 EL bestes Olivenöl
Korianderblätter

Alle Zutaten mit 3 Esslöffeln warmem Wasser im Mixer oder in der Küchenmaschine zu einer glatte Masse pürieren. Mit Olivenöl beträufeln, mit Korianderblättern garnieren und servieren.

Ich serviere nach einer Auswahl Mezze gerne türkischen Honig. Es ist ein wunderbar einfaches Dessert, das in einer Schale angerichtet auch noch hübsch aussieht. Es gibt verschiedene Geschmacksrichtungen – ich persönlich mag am liebsten Haselnuss.

Antipasti

Kaum etwas ist so einfach auf den Tisch zu bringen wie italienische Antipasti, denn gut eingekauft ist schon halb serviert. Gegrillte Paprika schmecken sehr gut mit Sardellen, Kapern und frischem Oregano. Garnieren Sie einige in Scheiben geschnittene Feigen mit Prosciutto und beträufeln diese vor dem Servieren mit Olivenöl. Für den Abschluss kaufen Sie italienischen Nougat. Dann bereiten Sie noch ein, zwei Salate und Würste mit Kartoffeln und Rosmarin nach einem Rezept meines Freundes Giovanni zu – fertig!

Zucchinisalat mit Parmesan

Für 4 Personen

2 gelbe Zucchini
2 grüne Zucchini
2 EL Zitronensaft
30 g gehobelter Parmesan
1 EL bestes Olivenöl
frisch gemahlener schwarzer Pfeffer
Meersalz

Die Zucchini der Länge nach so dünn wie möglich in Scheiben schneiden (das geht am besten mit einem Gemüsehobel). In einer Schüssel mit dem Zitronensaft vermengen und 20 Minuten marinieren. Mit Parmesan bestreuen, mit Olivenöl beträufeln und unmittelbar vor dem Servieren mit Salz und Pfeffer würzen.

Sie können weißen Nougat in einem Feinkostladen kaufen, anstatt zu Hause ein Dessert zuzubereiten.

Giovannis Würste mit Kartoffeln und Rosmarin

Für 4 Personen

6 grobe Bratwürste (z.B. Bauernbratwurst, Salsiccia fresca oder Chipolata)
800 g fest kochende Kartoffeln, abgebürstet und je nach Größe halbiert oder geviertelt
1 1/2 TL Paprikapulver, edelsüß
2 Rosmarinzweige
Meersalz
frisch gemahlener schwarzer Pfeffer
1/2 Ciabatta, von der Rinde befreit
50 ml bestes Olivenöl

Zum Servieren
1 Handvoll frische Basilikumblätter
Rucola

Den Ofen auf 200 °C vorheizen. Die Würste in Stücke schneiden und in eine große Bratpfanne legen. Die Kartoffeln, das Paprikapulver und den Rosmarin zugeben und alles mit Meersalz und Pfeffer würzen. Die Ciabatta in mundgerechte Stücke zerpflücken und dazugeben. Alles mit dem Olivenöl übergießen und vorsichtig vermischen.

Alles im Ofen 30–40 Minuten backen, bis die Kartoffeln weich und die Würste und das Brot goldbraun sind; dabei gelegentlich wenden. Mit den Basilikumblättern garnieren und mit einem Rucolasalat servieren.

Radicchiosalat

Für 4 Personen

2 Köpfe Radicchio, in Streifen geschnitten
4 EL bestes Olivenöl
1 1/2 EL frisch gepresster Orangensaft
1 Prise Zucker

Die Radicchiostreifen in eine Schüssel geben. Das Olivenöl mit dem Orangensaft und 1 Prise Zucker verrühren und sorgfältig mit dem Salat mischen.

Probieren Sie einmal zwei oder drei Sorten frisch gepressten Saft zu mischen. Mir schmeckt Grapefruit mit Passionsfrucht besonders gut.

Sonntagsbrunch

Ein Brunch erfordert wenig mehr als einen kurzen Besuch auf dem nächsten Markt. Ein Sauerteig- oder Roggenbrot, ein schönes Stück Greyerzerkäse, ein paar dicke Scheiben gekochter Knochenschinken und ein Krug frisch gepresster Blutorangensaft oder Grapefruit- und Passionsfruchtsaft ist schon fast alles, was Sie benötigen. Dazu ein paar vollreife Tomaten mit Basilikum und ein Blech frisch gebackene Muffins mit Beeren servieren und eine Platte mit frischen Früchten der Saison anrichten.

Tomatensalat mit Basilikum

Für 6 Personen

5 vollreife Tomaten, raumtemperiert
Meersalz
2 EL bestes Olivenöl
1 kleine Handvoll frische Basilikumblätter

Die Tomaten in Scheiben schneiden und dekorativ auf einer Platte anrichten. Mit Meersalz würzen, mit bestem Olivenöl beträufeln und mit den Basilikumblättern garnieren. Servieren.

For dieses Rezept können Sie frische oder tiefgefrorene Früchte verwenden. Sobald die Teigzutaten gut vermengt sind, die Beeren mit einem Metalllöffel ganz behutsam und möglichst ohne sie zu beschädigen unterziehen, da der Saft sonst in den Teig sickert. Wenn Sie die Beeren zuvor mit etwas Mehl bestauben, sinken Sie nicht auf den Boden der Muffinformen.

Früchte-Muffins

Für eine 12er-Muffinform

120 g Butter, raumtemperiert
225 g Zucker
2 Eier
3 TL Bourbon-Vanillezucker
170 g saure Sahne
210 g Mehl
2 TL Backpulver
Meersalz
150 g gemischte Beerenfrüchte

Den Ofen auf 180 °C vorheizen. Die Muffinform mit Papierförmchen à 125 ml auskleiden.

Die Butter und den Zucker hellgelb und schaumig schlagen. Nacheinander die Eier zugeben, dabei jedes Ei einzeln sorgfältig einarbeiten. Den Vanillezucker und die saure Sahne zufügen und gut unterrühren. Das Mehl und das Backpulver hineinsieben, leicht salzen und nur solange rühren, bis sämtliche Zutaten vermengt sind. Zuletzt ganz behutsam die Beeren unterheben. Den Teig in die vorbereiteten Förmchen füllen und in 25 Minuten goldbraun backen.

Kindertage

Ich bin kein Freund von Extrawürsten für Kinder. Unsere Töchter bekommen das, was wir auch essen, aus einem einfachen Grund: Ich habe keine Lust, zweimal am Abend zu kochen. Manchmal aber ist es von Vorteil, die Kinder zeitig satt zu kriegen, und für diesen Fall habe ich einige ganz einfache Kindergerichte in petto – die dann nicht selten auch auf unserem Teller landen! Ich versuche für die Mädchen so ausgewogen und vielseitig wie möglich zu kochen. Wenn Ihre Kleinen irgendetwas nicht mögen, machen Sie kein großes Aufheben davon, servieren Sie es einfach immer wieder. Und verwenden Sie frische Produkte statt Fertiggerichte. Das schönste Geschenk, das wir unseren Kindern machen können, ist ein feiner Sinn für natürliches, gesundes Essen, das wiederum die Grundlage für ein langes Leben ist.

Rigatoni mit Hähnchenbolognese

Für 4 Erwachsene oder eine Schar Kinder

2 EL bestes Olivenöl
1 Zwiebel, gehackt
1 Stange Staudensellerie, fein gehackt
2 Knoblauchzehen, gehackt
Meersalz
frisch gemahlener schwarzer Pfeffer
2 Scheiben durchwachsener Frühstücksspeck, gehackt
500 g ganz frisch durchgedrehtes Hähnchenfleisch
375 g passierte Tomaten
500 g Rigatoni

Zum Servieren
3 EL gehackte frische glatte Petersilie
geriebener Parmesan

Das Öl, die Zwiebel, den Sellerie und den Knoblauch in einem Topf vermengen, großzügig mit Salz und Pfeffer würzen und bei mittlerer Hitze etwa 7 Minuten goldgelb anschwitzen. Den Speck und das Hühnerfleisch zugeben, beständig mit einem Holzspatel rühren, damit sich keine Klumpen bilden, und rundherum anbraten. Die passierten Tomaten zugießen und 10 Minuten köcheln lassen.

Inzwischen die Nudeln in einem großen Topf mit kochendem Salzwasser al dente kochen. Abgießen, kurz abtropfen lassen und unter die Sauce mischen. Kurz vor dem Servieren die Petersilie unterrühren und Parmesan darüberstreuen.

Wenn Ihre Kinder absolut kein »Grünzeug« mögen, lassen Sie die Petersilie fürs Erste weg.

Mir ist schleierhaft, wie wir je ohne Pasta leben konnten – sie ist so wunderbar einfach und schnell zuzubereiten, wenn man ein paar hungrige »Kindermäuler« zu stopfen hat. Kaufen Sie eine Auswahl verschieden geformter Pasta, damit es nicht langweilig wird, und ergänzen Sie diese mit etwas Eiweißhaltigem (einer Fleischsauce, Käse oder Pesto mit Pinienkernen) für eine möglichst vollwertige Mahlzeit.

Schmetterlingsnudeln mit jungen Erbsen und Schinken

Für 2 Erwachsene oder 4 Kinder

1 EL bestes Olivenöl
100 g roher Schinken, in Streifen geschnitten
1 weiße Zwiebel, in Streifen geschnitten
250 ml Hühnerbrühe (siehe Seite 104)
200 g enthülste junge Erbsen
500 g Farfalle
1 EL Butter
250 g frischer Ricotta
Meersalz
frisch gemahlener schwarzer Pfeffer

Einen Topf bei schwacher Hitze heiß werden lassen und das Öl hineingeben. Den Schinken leicht bräunen und wieder herausheben. Die Zwiebel zugeben und glasig schwitzen. Die Hühnerbrühe zugießen, zum Kochen bringen und auf die Hälfte einkochen lassen; dann die Erbsen darin bei mäßiger Hitze 3 Minuten garen.

Die Nudeln in reichlich kochendem Salzwasser al dente kochen. Gut abtropfen lassen und mit der Butter in die Sauce geben. Zum Servieren in Schalen füllen, den Ricotta darüberbröckeln und mit Salz und Pfeffer würzen.

»Zu-müde-zum-Kochen«-Nudeln

Für 4 Erwachsene oder eine Schar Kinder

500 g Rädernudeln (Ruoti)
50 g Butter
50 g geriebener Parmesan
Meersalz

Zum Servieren
geriebener Parmesan
2 EL frische Basilikumblätter

Die Nudeln in reichlich kochendem Salzwasser al dente kochen. Gut abtropfen lassen und zurück in den noch warmen Topf geben. Die Butter und den geriebenen Parmesan unterrühren und mit Meersalz würzen. Mit Parmesan und Basilikumblättern garnieren und servieren.

Fischstäbchen mit Parmesankruste

Für 4 Erwachsene oder eine Schar Kinder

80 g frische Semmelbrösel
50 g geriebener Parmesan
Meersalz
frisch gemahlener schwarzer Pfeffer
2 Eier, leicht verquirlt
60 g Mehl
500 g weiß- und festfleischiges Fischfilet, in dicke Streifen geschnitten
1 EL Olivenöl
25 g Butter

Zum Servieren
Zitronenspalten
Ofengebackene Kartoffelsticks (siehe unten)
Kapern-Mayonnaise (siehe rechts)

Die Semmelbrösel, den Parmesan, sowie etwas Salz und Pfeffer in einer Schüssel vermengen. Die Eier in eine zweite Schüssel füllen. Das Mehl in eine dritte Schüssel geben und mit Salz und Pfeffer würzen. Die Fischstücke zunächst in dem Mehl wenden, dann durch das verquirlte Ei ziehen und zuletzt mit den Semmelbröseln panieren. (Sie können diesen Arbeitsschritt im Voraus erledigen und die panierten Fischstäbchen zugedeckt bis zu 2 Stunden im Kühlschrank aufbewahren.)

In einer großen, beschichteten Pfanne das Öl und die Butter bei mittlerer bis starker Hitze heiß werden lassen. Die Fischstäbchen darin portionsweise von jeder Seite etwa 2 Minuten braten, bis sie goldgelb sind. Bei Bedarf noch etwas Öl und Butter zugeben. Mit Kartoffelsticks und Zitronenspalten servieren und nach Belieben Kapern-Mayonnaise dazureichen.

Ofengebackene Kartoffelsticks

Für 4 Erwachsene oder eine Schar Kinder

1,25 kg fest kochende Kartoffeln, abgebürstet, aber ungeschält
3 TL Olivenöl
Meersalz

Den Ofen auf 230 °C vorheizen, 2 Backbleche einschieben und 20 Minuten heiß werden lassen. Die Kartoffeln in dünne Sticks oder Chips schneiden. Mit einem Küchentuch trockentupfen, mit dem Öl vermengen und salzen. Die heißen Bleche mit Backpapier auslegen, die Kartoffeln darauf verteilen und im Ofen 30 Minuten backen oder bis sie goldbraun sind. Nach der Hälfte der Garzeit wenden.

Ob für Kinder oder Erwachsene, Fischstäbchen schmecken sehr gut mit Kapern-Mayonnaise. Dazu einfach einige Kapern, einen Schuss Zitronensaft und gehackte glatte Petersilie unter eine gute Mayonnaise rühren.

Tomatenrisotto ohne Rühren

Für 4 Erwachsene oder eine Schar Kinder

1 EL Olivenöl
25 g Butter
1 Zwiebel, fein gehackt
Meersalz
250 g Arborio-Reis
500 ml Hühnerbrühe (siehe Seite 104)
250 g passierte Tomaten
1 TL Zucker
2 EL in feine Streifen geschnittenes frisches Basilikum

Einen großen Schmortopf bei mittlerer Hitze heiß werden lassen. Das Öl, die Butter, die Zwiebel und etwas Salz hineingeben und unter gelegentlichem Rühren glasig schwitzen. Den Reis einstreuen und einige Minuten rühren, bis die Körner glänzen. Die Temperatur erhöhen, die Hühnerbrühe, die passierten Tomaten und 375 ml kochendes Wasser zugeben und unter gelegentlichem Rühren zum Kochen bringen. Zugedeckt bei schwacher Hitze 15–20 Minuten garen.

Den Risotto vom Herd nehmen, den Zucker unterrühren und den Basilikum darüberstreuen.

Es gibt kein besseres und einfacheres Dessert für Kinder als eine Schüssel mit frischen Beeren.

Rindfleisch und Zuckerschoten aus dem Wok mit Eiernudeln

Für 4 Erwachsene oder eine Schar Kinder

3 EL Austernsauce (Asia-Markt)
2 EL Sojasauce
1 1/2 EL trockener Sherry
3 EL Hühnerbrühe (siehe Seite 104)
2 TL Zucker
1 EL mild-aromatisches Pflanzenöl (ich bevorzuge Rapsöl)
400 g Rinderfilet oder Rumpsteak, in Streifen geschnitten
4 cm frischer Ingwer, in feine Streifen geschnitten oder gerieben
200 g Zuckerschoten

Zum Servieren

250 g frische Eiernudeln, gekocht und abgetropft

In einer kleinen Schüssel die Austernsauce, die Sojasauce, den Sherry, die Hühnerbrühe und den Zucker verrühren.

Einen Wok oder eine große Pfanne bei starker Hitze heiß werden lassen. Das Öl hineingeben und, sobald es zu rauchen beginnt, das Fleisch in zwei Durchgängen 1 Minute pfannenrühren, bis es rundherum schön gebräunt ist. Aus dem Wok heben und beiseite stellen. Dann den Ingwer und die Zuckerschoten 2 Minuten pfannenrühren und bei Bedarf noch etwas Öl zugeben. Das Fleisch und die Sauce untermischen und noch 1 Minute garen, bis die Sauce leicht eingedickt ist.

Die Nudeln in Schalen anrichten. Das Rindfleisch mit den Zuckerschoten darüber schöpfen und servieren. (Sie können die Nudeln auch mit den anderen Zutaten im Wok kurz durchschwenken.)

Rinderfilet ist zwar teuer, aber optimal für Kinder, da es so zart ist. Zudem brauchen Sie nur wenig davon.

Bei diesen Plätzchen können Kinder gut mitmachen. Beim Kneten, Rollen und Füllen kommt es nicht so auf Genauigkeit an, sodass auch Kinderhände gut damit zurechtkommen.

Konfitüren-Knöpfchen

Für 25–30 Stück

- 250 g weiche Butter
- 3 EL Zucker
- abgeriebene Schale von 1 unbehandelten Orange
- 1 Eigelb
- 2 TL Bourbon-Vanillezucker
- 250 g Mehl, durchgesiebt
- 90 g Kokosflocken
- 2 EL Himbeerkonfitüre
- 2 EL Aprikosenkonfitüre

Den Ofen auf 180 °C vorheizen. Ein großes Backblech mit Backpapier auslegen.

In einer Schüssel die Butter, den Zucker und die Orangenschale mit dem Handrührgerät schaumig schlagen. Das Eigelb und den Vanillezucker zugeben und weiterschlagen, bis alle Zutaten gut vermengt sind. Das Mehl und die Kokosflocken unterrühren.

Von dem Teig esslöffelgroße Portionen abnehmen und zu Bällchen rollen. Die Teigbällchen im Abstand von etwa 2 cm auf das Backblech legen und leicht abflachen. In der Mitte mit dem Daumen eine kleine Delle hineindrücken und mit etwas von einer der Konfitüren füllen. Die Plätzchen im Ofen 10–12 Minuten backen oder bis sie goldgelb sind. Auf einem Gitter abkühlen lassen.

Obwohl elektrische Handrührgeräte viel Zeit sparen, schlage ich Sahne immer per Hand. So habe ich die Konsistenz besser unter Kontrolle und laufe weniger Gefahr, dass die Sahne zu Butter wird.

Schmetterlingsküchlein mit Beeren

Für eine 12er-Muffinform

185 g Mehl
3 TL Backpulver
125 g weiche Butter
2 TL Bourbon-Vanillezucker
140 g Zucker
2 Eier
125 ml Milch

Zum Servieren
Schlagsahne
Erdbeeren und Himbeeren
Puderzucker

Den Ofen auf 180 °C vorheizen. Das Mehl und Backpulver in eine Schüssel sieben. Die Butter, den Vanillezucker, den Zucker, die Eier und die Milch zugeben und sämtliche Zutaten mit einem Holzlöffel oder einem Handrührgerät zu einem glatten Teig verarbeiten.

Die Muffinform mit 12 großen Papierförmchen auskleiden und den Teig einfüllen. Im Ofen in 17–20 Minuten goldbraun backen. Die Muffins noch 5 Minuten in der Form ruhen und anschließend auf einem Gitter abkühlen lassen.

Von den Muffins einen kleinen Deckel abschneiden und halbieren. Einen Klecks Schlagsahne auf jedes Küchlein setzen und mit den Erdbeeren und Himbeeren garnieren. Die halbierten Deckel wieder aufsetzen und mit Puderzucker bestauben.

Pitta-Pizza

Würstchen im Blätterteig mit Tomatensauce

Für 24 Stück

500 g passierte Tomaten
3 EL brauner Zucker
2 TL Worcestershiresauce
1 EL Rotweinessig
1 Pck. Blätterteig, 40 x 25 cm (275 g)
10 Schweinsbratwürste (etwa 1 kg)
2 Eigelb
2 EL Milch
Sesamsamen

Für die Sauce die passierten Tomaten, den Zucker, die Worcestershiresauce und den Essig in einer kleinen Pfanne vermengen und bei mittlerer Hitze 10 Minuten köcheln lassen, bis die Mischung eingedickt ist.

Den Ofen auf 200 °C vorheizen. Den Blätterteig auf ein Brett legen und in vier 10 x 25 cm große Stücke schneiden. Die Würste von der Pelle befreien und das Brät an der Längsseite entlang auf jedes Teigblatt legen. Die Eigelbe mit der Milch verschlagen und die Teigränder rundherum mit der Mischung einpinseln. Die Teigblätter aufrollen und in jeweils 6 Stücke schneiden. Mit dem Saum nach unten auf ein gefettetes Backblech legen, mit weiterem verschlagenem Ei bestreichen und mit den Sesamsamen bestreuen. Die Würstchen im Blätterteig im Ofen in 20–25 Minuten goldbraun backen und mit der Tomatensauce servieren.

Pitta-Pizza

Für 1 Pizza

1 Pitta-Brot (ich nehme Vollkorn)
125 g Tomatensauce von guter Qualität
1 Zucchini oder 1 Riesenchampignon, in Scheiben geschnitten
70 g Mozzarella, in Scheiben geschnitten
1 EL geriebener Parmesan
1 EL frische Oreganoblätter
1 EL bestes Olivenöl
Meersalz
frisch gemahlener schwarzer Pfeffer

Ein Backblech in den Ofen schieben und diesen auf 240 °C vorheizen. Das Brot auf einen Bogen Backpapier legen, mit der Tomatensauce bestreichen und mit den Zucchini- oder Champignonscheiben und dem Mozzarella belegen. Mit dem Parmesan und dem Oregano bestreuen, dem Olivenöl beträufeln und mit Salz und Pfeffer würzen. Die Pizza mit dem Backpapier auf das heiße Blech legen und 10 Minuten backen.

Schokoladenkuchen mit echter Schokoladenglasur

Für zwei Springformen von 20 cm Ø, ergibt 10-12 Stück

280 g Mehl
2 1/2 TL Backpulver
50 g Kakaopulver
220 g Zucker
250 g ganz weiche Butter
4 Eier
170 ml Milch

Für die Glasur
300 g Bitterschokolade (mindestens 70 % Kakaoanteil), in Stücke zerteilt
375 g saure Sahne

Zum Servieren
bunte Schokolinsen (und Kerzen!)

Den Ofen auf 180 °C vorheizen. Das Mehl, Backpulver und den Kakao in eine große Schüssel sieben und mit dem Zucker vermengen. Die Butter, Eier und die Milch zugeben und sämtliche Zutaten mit dem Handrührgerät auf niedriger Stufe in 1–2 Minuten zu einem glatten Teig verarbeiten.

Den Teig in 2 gefettete und mit Backpapier ausgekleidete Springformen von 20 cm Ø einfüllen und im Ofen 25 Minuten backen. Zur Garprobe einen Spieß einstechen. Kommt er sauber wieder heraus, sind die Kuchenböden fertig. Die Kuchen 5 Minuten ruhen lassen, aus der Form lösen und zum Abkühlen auf ein Gitter setzen.

Sobald die Kuchen erkaltet sind, die Schokoladenglasur zubereiten. Die Schokolade in eine Schüssel aus rostfreiem Stahl geben und auf einen Topf mit fast siedendem Wasser setzen. Der Schüsselboden darf das Wasser nicht berühren und das Wasser darf nicht kochen. Die Schokolade behutsam erhitzen, bis sie gerade so geschmolzen ist. Aus dem Wasserbad nehmen und 15 Minuten abkühlen lassen; dann die saure Sahne unterrühren. Die obere Seite eines Kuchens mit einem Drittel der Glasur bestreichen und den anderen Kuchen darauf setzen. Mit der restlichen Glasur den zusammengesetzten Kuchen oben und an den Seiten bestreichen und mit bunten Schokolinsen und, wenn er für einen Geburtstag ist, mit kleinen Kerzen dekorieren.

Frische Tage

Ich verabscheue Fertigprodukte, behandelte oder vorverarbeitete Nahrungsmittel. Egal ob in der Fabrik oder im Restaurant, sie deprimieren mich. Bei mir müssen die Speisen frisch, rein und naturbelassen sein. Ich möchte die Zutaten schmecken können. Ich mag das anregende Aroma von frischem Ingwer und Limettenschale, den leicht süßlichen Geschmack von Seefisch und die wohltuende Wärme von selbst gemachter Hühnersuppe mit Nudeln. Das sind die Speisen, die meine Lebensgeister wecken, wenn ich müde und abgespannt bin. Sie sind gesund, nahrhaft und belebend.

Gebratener Lachs mit Sardellen-Vinaigrette, Fenchel und grünen Bohnen

Für 4 Personen

4 Lachsfilets mit Haut (je 180 g)
2 EL Olivenöl
Meersalz
frisch gemahlener schwarzer Pfeffer
2 kleine Fenchelknollen, in ganz feine Scheiben geschnitten
250 g grüne Buschbohnen, von den Stielen befreit und bissfest gegart
1 kleine Handvoll frische glatte Petersilie

Zum Servieren
Sardellen-Vinaigrette (siehe unten)

Eine Pfanne bei mittlerer bis starker Hitze 2 Minuten heiß werden lassen. Die Lachsfilets mit Öl bestreichen, mit Salz und Pfeffer würzen, mit der Hautseite nach unten in die Pfanne legen und 3 Minuten braten. Wenden und von der anderen Seite 1 Minute braten. Aus der Pfanne heben und 2 Minuten ruhen lassen. Der Lachs sollte eine schön knusprige Haut haben, im Kern aber noch leicht roh sein.

Den Fenchel, die grünen Bohnen und die Petersilie auf Tellern anrichten. Den Lachs darauf legen, mit der Sardellen-Vinaigrette überziehen und servieren.

Sardellen-Vinaigrette

1 kleine Knoblauchzehe
4 Sardellenfilets
100 ml bestes Olivenöl
50 ml Rotweinessig
frisch gemahlener schwarzer Pfeffer

Den Knoblauch und die Sardellenfilets in einem Mörser zu einer groben Paste zerreiben. Das Olivenöl und den Rotweinessig zugeben, verrühren und mit Pfeffer abschmecken (wegen der Sardellen erübrigt sich vermutlich das Salzen).

Hühnersuppe mit Nudeln

1,5 l Hühnerbrühe (siehe unten)
1 Pastinake, gewürfelt
1 Möhre, gewürfelt
100 g Lasagne-Blätter, grob in etwa 4 cm große Quadrate zerbrochen
280 g gekochtes, zerpflücktes Hühnerfleisch (von der Hühnerbrühe; siehe unten)
Meersalz
weißer Pfeffer

Zum Servieren
gehackte frische glatte Petersilie

Die Hühnerbrühe und das -fleisch kochen (siehe unten). 1,5 l Hühnerbrühe (die restliche Brühe einfrieren) in einen Topf geben und bei starker Hitze heiß werden lassen. Das Gemüse darin etwa 10 Minuten garen, bis es gerade weich ist. Die Nudeln in die Suppe geben und 5 Minuten kochen, während der letzten Minute das Hühnerfleisch dazugeben und heiß werden lassen. Mit Salz und Pfeffer abschmecken und zum Servieren mit Petersilie bestreuen.

Hühnerbrühe

1 Suppenhuhn von 1,5 kg
1 kleine Handvoll frische Petersilie
3 Stängel frischer Thymian
$^1/_2$ Zwiebel, grob gehackt
2 Möhren, grob gehackt
2 Stangen Staudensellerie, grob gehackt
1 TL schwarze Pfefferkörner

Das Huhn von innen und außen gründlich waschen und trockentupfen. Mit den restlichen Zutaten in einen großen Topf geben und 2,5 Liter kaltes Wasser zugießen. Zum Kochen bringen, die Temperatur reduzieren und bei schwacher Hitze 1 $^1/_2$ Stunden köcheln lassen. In der Anfangsphase, während der ersten 5-10 Minuten, regelmäßig den sich an der Oberfläche absetzenden Schaum abschöpfen. Das Huhn herausnehmen und die Brühe durch ein Sieb passieren. Das Huhn etwas abkühlen lassen, die Haut abziehen und das Fleisch auslösen und zerpflücken.

Einige fertige Brühen schmecken gar nicht so schlecht, aber für diese Suppe muss es selbst gemachte sein.

Gebratener Thunfisch mit Tomaten-Olivensalat

Für 4 Personen

2 Thunfischsteaks (je 300 g)
Olivenöl zum Bestreichen
Meersalz
frisch gemahlener schwarzer Pfeffer
3 EL bestes Olivenöl für das Dressing
1 EL Rotweinessig
4 Sardellenfilets, grob gehackt
1 Knoblauchzehe, fein gehackt
1 rote Vogelaugen-Chilischote, fein gehackt
300 g kleine Eier- oder Kirschtomaten, halbiert
85 g schwarze Oliven, entsteint und halbiert
1 kleine Handvoll frische glatte Petersilie
1 kleine Handvoll frische Basilikumblätter

Die Thunfischsteaks mit etwas Öl bestreichen und mit Salz und Pfeffer würzen. In einer großen Pfanne bei starker Hitze von jeder Seite 2–3 Minuten braten.

Für das Dressing das Olivenöl, den Rotweinessig, die Sardellenfilets, den Knoblauch und Chili sorgfältig verrühren. Die Thunfischsteaks in Streifen schneiden und mit den Tomaten, Oliven und den Kräutern dekorativ anrichten. Mit dem Dressing beträufeln und servieren.

Gedämpfter Snapper mit Limettendressing

Für 2 Personen

2 unbehandelte Limetten, in Scheiben geschnitten
2 Baby-Snapper (je 400 g; ersatzweise Meerbrassen)
Meersalz
2 EL in feine Streifen geschnittener Ingwer

Zum Servieren
1 kleine Handvoll frische Korianderblätter
1 große rote Chilischote, von den Samen befreit und in feine Streifen geschnitten
Limettendressing (siehe unten)

Die Hälfte der Limettenscheiben auf einem Teller verteilen und diesen in einen Dämpfkorb setzen. Einen Snapper rundherum salzen, auf die Limettenscheiben legen und die Hälfte der Ingwerstreifen darüber verteilen. Den Dämpfkorb auf einen geeigneten Topf mit kochendem Wasser setzen und den Fisch 8–10 Minuten dämpfen oder bis er auf den Punkt gegart ist. Herausheben, warm stellen und den zweiten Snapper ebenso garen. Die Snapper mit den Korianderblättern und den Chilistreifen garnieren. Mit dem Limettendressing überziehen und servieren.

Limettendressing

3 EL bestes Olivenöl
3 EL Limettensaft
1 Knoblauchzehe, zerstoßen
1/2 TL Zucker
Meersalz
frisch gemahlener schwarzer Pfeffer

Das Olivenöl, den Limettensaft, den Knoblauch und den Zucker verrühren und mit Salz und Pfeffer abschmecken.

Frisch ist am besten – kaufen Sie den Fisch erst an dem Tag, an dem Sie ihn essen wollen.

Lachsforelle mit rotem Chili und Tomaten

Für 4 Personen

1 EL Olivenöl, plus etwas Extra-Öl
4 Lachsforellenfilets (je 200 g)
2 große rote Chilischoten, in Ringe geschnitten
5 cm frischer Ingwer, gerieben
3 Knoblauchzehen, in Scheiben geschnitten
400 g Tomaten, gehackt
2 EL Sojasauce
1 1/2 EL Zucker

Zum Servieren
gedämpfter Reis
junger Spinat

Das Öl in einer großen Pfanne bei mittlerer bis starker Hitze heiß werden lassen. Den Fisch darin von jeder Seite 2 Minuten oder nach gewünschtem Gargrad braten. Aus der Pfanne nehmen.

Den Herd auf mittlere Hitze herunterschalten und das Extra-Öl heiß werden lassen. Chili, Ingwer und Knoblauch zugeben und 2 Minuten goldgelb anschwitzen. Die Tomaten, die Sojasauce und den Zucker hinzufügen und 5 Minuten unter gelegentlichem Rühren eindicken lassen.

Die Lachsforellenfilets auf gedämpftem Reis anrichten und mit der Sauce überziehen. Mit frischem jungem Spinat garnieren und servieren.

Für Ingwerjulienne ein großes Stück frischen Ingwer rechteckig zuschneiden und anschließend in streichholzgroße Streifen zerteilen.

Pfannengerührter Fisch mit Ingwer und Brokkoli

Für 2 Personen

1 EL mild-aromatische Pflanzenöl (z.B. Rapsöl)
4 EL frische Ingwerjulienne
350 g weiß- und festfleischiges Fischfilet mit Haut (ich mag Snapper), in mundgerechte Stücke geschnitten
8 Frühlingszwiebeln, in lange Stücke geschnitten
200 g junger Brokkoli oder wenn erhältlich Wildbrokkoli (Cime di Rapa), schräg in Stücke geschnitten
2 EL Fischsauce (Asia-Markt z.B. Nam pla oder Nuoc mam)
2 TL Zucker
1 TL Meersalz
2 EL Limettensaft

Zum Servieren
gedämpfter Jasminreis

Einen Wok bei mittlerer bis starker Hitze heiß werden lassen. Das Öl kurz erhitzen und den Ingwer darin 1 Minute pfannenrühren. Die Fischstücke zugeben und 3 Minuten pfannenrühren. Die Frühlingszwiebeln, den Cime di Rapa, die Fischsauce, den Zucker und das Salz zugeben und noch 1 Minute unter vorsichtigem Rühren garen. Vom Herd nehmen, den Limettensaft untermischen und mit gedämpftem Reis servieren.

Tomaten-Gurken-Salat mit Rucola ist ebenfalls im Handumdrehen zubereitet. Dazu 4 grob gewürfelte Minigurken und Tomaten mit 150 g zerzupftem Rucola und 4 in feine Scheiben geschnittenen Frühlingszwiebeln vermengen. Aus 3 Esslöffeln bestem Olivenöl, 2 Esslöffeln Rotweinessig, einer zerstoßenen Knoblauchzehe, Salz und Pfeffer eine Vinaigrette zubereiten, kurz vor dem Servieren über den Salat geben und gründlich untermischen.

Hähnchen-Nudelsalat mit Sellerie und Sesam

Für 4 Personen

1 EL schwarze Pfefferkörner
2 Frühlingszwiebeln, grob gehackt
2 EL Meersalz
2 Hähnchenbrustfilets
375 g frische Eiernudeln
2 TL Sesamöl
3 EL Sojasauce
2 EL Zucker
3 EL Limettensaft
6 Fruhlingszwiebeln, in feine Streifen geschnitten
200 g Zuckerschoten, blanchiert und schräg halbiert
2 Stangen Staudensellerie
2 Minigurken, schräg in feine Scheiben geschnitten
2 TL Sesamsamen

Die Pfefferkörner, die gehackten Frühlingszwiebeln und das Salz in einen Topf geben, mit kaltem Wasser bedecken und bei starker Hitze zum Kochen bringen. Die Hähnchenbrüste einlegen, umrühren und den Herd ausschalten. Den Topf mit einem Deckel fest verschließen. Das Fleisch 1 Stunde ziehen lassen, aus der Garflüssigkeit heben und zerpflücken.

Die Nudeln nach der Packungsanleitung kochen. Abgießen, unter kaltem Wasser abschrecken und abtropfen lassen. Aus dem Sesamöl, der Sojasauce, dem Zucker und dem Limettensaft ein Dressing zubereiten. Die Hälfte davon unter die Nudeln mischen und diese auf einer Platte verteilen. Das Hähnchenfleisch, die Frühlingszwiebelstreifen, die Zuckerschoten, den Sellerie und die Gurken darauf anrichten und mit dem restlichen Dressing übergießen. Mit dem Sesam bestreut servieren.

Rote-Bete-Salat

Für 4 Personen

18 junge Rote Beten
150 g Rucola
150 g Zuckerschoten, geputzt, blanchiert und kalt abgeschreckt
2 Blutorangen, geschält und in Scheiben geschnitten
3 EL bestes Olivenöl
1 1/2 EL Weißweinessig
1 TL gehackter frischer Oregano
Meersalz
frisch gemahlener schwarzer Pfeffer

Die Roten Beten putzen, einige schöne Blätter zurückbehalten. Die Knollen in kochendem Salzwasser 30–40 Minuten garen oder bis sie weich sind. Unter kaltem Wasser abschrecken und schälen.

Die Roten Beten mit den zurückbehaltenen Blättern, dem Rucola, den Zuckerschoten und den Orangen auf einer Platte anrichten. Das Olivenöl, den Weißweinessig und den Oregano verrühren, mit Salz und Pfeffer abschmecken und darüber träufeln.

Zum Vorbereiten der Roten Beten die Stiele bis auf 2–3 cm abschneiden. Die Knollen gründlich waschen, die Wurzelansätze aber stehen lassen, da die Knollen während des Garens sonst »ausbluten«. Nach dem Kochen die Schale mit den Händen unter fließendem Wasser abreiben (verwenden Sie Gummihandschuhe, damit sich Ihre Hände nicht rot färben).

Möhrensalat mit Schafskäse und Minze

Für 4 Personen

1 kg Möhren, geschält und längs in Stäbe geschnitten
2 Knoblauchzehen, zerstoßen
3 EL Zitronensaft
3 EL bestes Olivenöl
2 TL gemahlener Kreuzkümmel
2 TL Paprikapulver, edelsüß
1 TL Meersalz
frisch gemahlener schwarzer Pfeffer
150 g Schafskäse
1 kleine Handvoll frische Minze
50 g schwarze Oliven, in Spalten geschnitten

Die Möhren in kochendem Salzwasser 1 Minute blanchieren. In Eiswasser abschrecken und abtropfen lassen. Den Knoblauch, Zitronensaft, das Olivenöl, den Kreuzkümmel und das Paprikapulver verrühren und mit Salz und Pfeffer abschmecken. Die Möhren auf einer Platte anrichten. Den zerbröckelten Schafskäse, die Minze und Oliven darüber verteilen und alles mit dem Dressing überziehen.

Ich esse diese Salate am liebsten zu einem einfachen gegrillten Stück Fleisch oder Fisch.

Halten Sie nach Thunfisch mit festem, dunklem Fleisch Ausschau (etwa die Farbe von Osterlamm) und meiden Sie Stücke, die mit Blutgefäßen durchzogen sind. Doch der beste Rat bei Fisch ist immer noch: Suchen Sie sich einen guten Fischhändler.

Linguine mit Thunfisch, Kapern und Oliven

Für 4 Personen

- 3 EL bestes Olivenöl
- 2 EL in Salz eingelegte Kapern, abgespült
- 500 g Linguine
- 400 g Thunfischfilet, in dünne Scheiben geschnitten
- 1 große rote Chilischote, in feine Streifen geschnitten
- 12 große grüne Oliven, in schmale Spalten geschnitten
- 100 g Rucola
- 2 EL Zitronensaft
- Meersalz
- frisch gemahlener schwarzer Pfeffer

In einer Pfanne 1 Esslöffel des Olivenöls bei starker Hitze heiß werden lassen, die Kapern zugeben und 1 Minute anrösten.

Die Nudeln in reichlich kochendem Salzwasser al dente kochen. Kurz abschrecken und abtropfen lassen und mit den Kapern, dem Thunfisch, dem Chili, den Oliven, dem Rucola, Zitronensaft und restlichen Olivenöl in eine Schüssel geben. Mit Salz und Pfeffer würzen, behutsam vermengen und servieren.

Glasierter Lachs mit braunem Reis

Für 4 Personen

2 EL in feine Streifen geschnittener Ingwer
2 Knoblauchzehen, in Scheiben geschnitten
3 EL Austernsauce (Asia-Markt)
3 EL süße Chilisauce (gekauft oder siehe Seite 172)
1 EL Sojasauce

700 g Lachsfilet
200 g Pak choi
1 EL Mirin (süßlich-scharfer Reiswein, Asia-Markt)
1 EL Sojasauce

Zum Servieren
gedämpfter brauner Reis

In einer großen Schüssel den Ingwer, den Knoblauch, die Austern-, Chili- und 1 EL Sojasauce verrühren. Das Lachsfilet in große Stücke schneiden, in die Mischung legen und zum Marinieren 15 Minuten bis 1 Stunde in den Kühlschrank stellen.

Den Backofengrill vorheizen. Die marinierten Lachsstücke nebeneinander auf ein Backblech legen und unter dem heißen Grill 7 Minuten grillen (der Fisch sollte in der Mitte noch leicht roh sein).

Inzwischen den Pak choi halbieren und 1 Minute blanchieren oder dämpfen, bis er zart ist, aber noch Biss und eine leuchtend grüne Farbe hat. Den gedämpften braunen Reis auf Teller verteilen, den Lachs mit dem Bratfond und Pak choi darauf anrichten. Den Mirin und 1 EL Sojasauce verrühren, über den Pak choi träufeln und servieren.

Ich verwende braunen Reis nicht etwa, weil er so gesund ist, sondern weil ich sein nussiges Aroma mag.

Backtage

Kulinarische Trends kommen und gehen, doch beim Backen herrscht Beständigkeit. Zwar haben nicht viele der Kuchen, die meine Mutter noch vor dreißig Jahren gebacken hat, den Sprung ins 21.Jahrhundert geschafft (ihr Birnenkuchen mit Crème-de-Menthe-Gelee fällt mir da ein), aber ihr Käsekuchen setzt auch heute noch Maßstäbe. Wer mich kennt, weiß, wie gern ich zum Nachmittagstee oder -kaffee noch eine Kleinigkeit zu mir nehme und dazu den Duft nach frischgebackenem Kuchen genieße, der den Raum erfüllt. In dieser hektischen Welt sollten wir uns diese Dinge möglichst oft gönnen.

Schnittlauch und Salatblätter für kleine Sandwiches oder Häppchen lassen sich am besten mit der Küchenschere schneiden.

Gurkensandwiches mit Schnittlauch

Für 12 Stück

12 Scheiben Weißbrot
250 g Doppelrahmfrischkäse
3 Minigurken, in dünne Scheiben geschnitten
2 EL Schnittlauchröllchen
20 g Salatblätter
Meersalz
frisch gemahlener schwarzer Pfeffer

Die Hälfte der Brotscheiben mit dem Frischkäse bestreichen und den Gurkenscheiben belegen. Den Schnittlauch und die Salatblätter darauf verteilen und mit Salz und Pfeffer würzen. Die restlichen Brotscheiben auflegen und rundherum die Rinde abschneiden. Die Sandwiches halbieren und servieren.

Hähnchen-Sandwiches

Für 12 Stück

1 EL schwarze Pfefferkörner
2 Frühlingszwiebeln, grob gehackt
2 EL Meersalz
2 Hähnchenbrustfilets
12 Scheiben Weizenvollkornbrot
250 g Mayonnaise von guter Qualität
2 Stangen Staudensellerie mit dem Kraut, in feine Scheiben geschnitten
1 kleine Hand voll gehackte frische glatte Petersilie
Meersalz
frisch gemahlener schwarzer Pfeffer

Die Pfefferkörner, die Frühlingszwiebeln und das Salz in einem Topf mit kaltem Wasser bedecken und bei starker Hitze zum Kochen bringen. Die Hähnchenbrüste einlegen und umrühren. Den Herd ausschalten und den Topf mit einem Deckel fest verschließen. Das Fleisch 1 Stunde ziehen lassen, herausnehmen und in Scheiben schneiden.

6 Brotscheiben mit der Mayonnaise bestreichen und mit dem Hähnchenfleisch, dem Sellerie, seinem Kraut und der Petersilie belegen. Salzen und pfeffern. Die restlichen Brotscheiben auflegen und die Rinde abschneiden. Die Sandwiches halbieren und servieren.

Nehmen Sie reife, aber festfleischige Pfirsiche von kräftiger Färbung und aromatischem Duft und vorzugsweise solche mit leicht lösendem Stein; sie sind besser zum Kochen und Backen geeignet als Früchte mit schlecht lösendem Stein.

Pfirsich-Joghurt-Kuchen mit Mandeln

Für 1 Springform von 23 cm Ø, ergibt 10–12 Stück

220 g weiche Butter
250 g Zucker
2 TL Bourbon-Vanillezucker
3 Eier
310 g Mehl mit 7 g Backpulver vermischt, durchgesiebt
50 ml Milch
250 g Joghurt
1 EL Amaretto (nach Belieben)
450 g kleine Pfirsiche, entsteint und gewürfelt
50 g Mandelblättchen

Zum Servieren
125 g Joghurt
125 g Sahne

Den Ofen auf 170 °C vorheizen. Den Boden und Rand der Springform einfetten. Die Butter, den Zucker und den Vanillezucker mit dem elektrischen Handrührgerät hellgelb und schaumig schlagen. Nacheinander die Eier unterschlagen, dabei jedes Ei einzeln sorgfältig einarbeiten. Die Hälfte des Mehls, die Milch und die Hälfte des Joghurts zugeben und auf niedriger Stufe 1 Minute rühren. Dann den Rest Mehl, Joghurt und, falls verwendet, den Amaretto unterrühren und sämtliche Zutaten zu einem homogenen Teig verarbeiten. Zuletzt vorsichtig die Pfirsichstücke unterheben.

Die Mischung in die vorbereitete Form füllen, glatt streichen und mit den Mandelblättchen bestreuen. Im Ofen 1 1/2 Stunden backen oder bis ein Spieß, den man in die Mitte sticht, sauber wieder herauskommt. Wird der Kuchen zu schnell braun, diesen die letzten 20 Minuten mit Alufolie bedecken. Abkühlen lassen und aus der Form lösen. Den Joghurt mit der Sahne verschlagen, bis die Masse leicht dick wird und mit dem Kuchen servieren.

Ich liebe die Kombination von Früchten und Kuchen – von sauer und süß.

Karamellküchlein

Für zwei 12er-Backformen mit halbrunden Vertiefungen
(ersatzweise kleine Pastetenförmchen oder Muffinformen)

250 g Mehl
115 g Zucker
115 g Butter
1 Ei

Für die Füllung
450 g Zucker
185 g Sahne
40 g Butter
braune Schokolinsen

Das Mehl, den Zucker und die Butter in der Küchenmaschine oder im Mixer zu einer feinkrümeligen Masse verarbeiten. Das Ei zugeben und kurz weiter rühren, bis es vollständig eingearbeitet ist. Den Teig mit den Händen leicht verkneten, in Frischhaltefolie wickeln und 20 Minuten in den Kühlschrank legen. Den Teig 4 mm dünn ausrollen und mit einem Ausstechring oder Glas Kreise von 6,5 cm Durchmesser ausstechen. Mit den Teigkreisen die gefetteten Backformen auskleiden und 15–20 Minuten in den Gefrierschrank stellen. Inzwischen den Ofen auf 200 °C vorheizen. Die Teigböden in 15 Minuten goldbraun backen.

Für die Füllung den Zucker mit 250 ml Wasser in einem Topf vermengen und bei starker Hitze in 15 Minuten zu einem goldgelben Karamell einkochen. Vom Herd nehmen und vorsichtig die Sahne und die Butter unterrühren. Die Mischung in die Teigböden einfüllen und 2 Stunden im Kühlschrank fest werden lassen. Mit den Schokolinsen dekorieren und bis zum Servieren kalt stellen.

Friands

Für eine 12er-Muffinform

135 g gemahlene Mandeln
220 g Puderzucker, durchgesiebt, plus Extra-Puderzucker zum Bestauben
85 g Mehl, durchgesiebt
8 Eiweiß
150 g Butter, zerlassen
210 g Kirschen oder 115 g Himbeeren oder 3 Nektarinen, gewürfelt

Den Ofen auf 180 °C vorheizen. Die Muffinform einfetten und mit Mehl ausstreuen. Die gemahlenen Mandeln, den Puderzucker und das Mehl vermengen. Die Eiweiße zugeben und kurz mischen, dann die zerlassene Butter unterrühren, bis sämtliche Zutaten gut vermengt sind.

Den Teig in die vorbereitete Form füllen. Die Kirschen entsteinen und halbieren. Die Friands mit einigen Kirschhälften oder Himbeeren oder Nektarinenstücken garnieren.

Die Friands in 25–30 Minuten goldbraun backen. Sie sollten sich elastisch anfühlen, wenn man sie etwas andrückt. Aus dem Ofen nehmen und in der Form 5 Minuten ruhen lassen. Aus der Form lösen und zum Abkühlen auf ein Gitter setzen. Mit Puderzucker bestauben und in einem luftdicht verschlossenen Behälter lagern.

Friands gelingen mit fast allen Früchten (ich mag Mango und Limettenschale) oder mit Schokostückchen.

Ich greife lieber zu einer guten Bitterschokolade und hacke sie dann selbst, statt fertige Schokosplitter zu kaufen.

Schokoladenkekse

Für etwa 30 Stück

250 g weiche Butter
350 g brauner Zucker
2 TL Bourbon-Vanillezucker
2 Eier, leicht verquirlt
310 g Mehl
60 g Kakaopulver
2 TL Backpulver
2 TL Meersalz
350 g Bitterschokolade (mindestens 70 % Kakaoanteil), gehackt

Den Ofen auf 180 °C vorheizen. Die Butter mit dem Zucker und Vanillezucker hellgelb und schaumig schlagen. Die Eier zugeben und sorgfältig unterrühren. Das Mehl, Kakaopulver, Backpulver und Salz hineinsieben und alles rasch zu einem homogenen Teig verarbeiten. Die Schokoladenstücke unterheben. Ein Backblech einfetten und mit Backpapier auslegen. Mit einem Esslöffel großzügige Portionen Teig abnehmen, in ausreichendem Abstand voneinander auf das Blech setzen und etwas flach streichen. Die Kekse Blech für Blech 15–20 Minuten backen, bis sie an der Unterseite fest sind. Auf dem Blech abkühlen lassen.

Backen ist die einfachste Art, Kinder ans Kochen heranzuführen.

Mum's Limetten-Käsekuchen

Für eine Springform von 24 cm Ø, ergibt 10–12 Stück

100 g zerstoßene Vollkornbutterkekse
55 g gemahlene Mandeln
50 g Butter, zerlassen und abgekühlt
800 g Frischkäse, fettreduziert
185 g saure Sahne
175 g Zucker
4 Eier, plus 2 Eiweiß
1 EL abgeriebene Schale von 1 unbehandelten Limette
$1\frac{1}{2}$ EL Limettensaft

Zum Servieren
3–4 Mangos

Den Ofen auf 150 °C vorheizen. Die Springform fetten und den Boden mit Backpapier auslegen. Für den Kuchenboden die zerkrümelten Kekse, die gemahlenen Mandeln und die zerlassene Butter vermengen. Die Masse gleichmäßig auf dem Formboden verteilen und fest andrücken. Im Kühlschrank 15 Minuten kalt stellen.

Den Frischkäse, die saure Sahne und den Zucker zu einer luftigen Masse verrühren. Nacheinander die Eier, je 2 auf einmal, sorgfältig unter die Mischung schlagen. Die Limettenschale und den Limettensaft untermischen. In einer sauberen Schüssel die Eiweiße steif schlagen, bis sich feste Spitzen bilden. Den Eischnee vorsichtig unter die Käsemasse heben und die Mischung in die Form füllen.

Den Kuchen im Ofen auf der unteren Einschubleiste 1 Stunde und 10 Minuten backen. (In diesem Stadium ist die Masse in der Mitte noch nicht vollständig gestockt.) Den Ofen ausschalten und den Kuchen bei geöffneter Ofentür 30 Minuten abkühlen lassen. Aus dem Ofen nehmen und weitere 2–3 Stunden bei Raumtemperatur vollständig erkalten lassen. Über Nacht in den Kühlschrank stellen.

Mit einer heißen Messerklinge den Kuchen vorsichtig vom Rand der Form lösen und den Ring abnehmen. Dann vom Formboden heruntergleiten lassen.

Das Fruchtfleisch der Mangos an beiden Seiten des Steins abschneiden. Die »Bäckchen« an der Schnittfläche gitterförmig bis zur Schale einschneiden und nach außen stülpen. Mit dem Käsekuchen servieren.

Mandelplätzchen

Für 30 Stück

310 g blanchierte Mandeln
3 Eiweiß
330 g feiner Zucker
4 1/2 EL Mehl
Zucker zum Bestreuen

Den Ofen auf 180 °C vorheizen. Die Mandeln im Mixer fein mahlen. Die Eiweiße schlagen, bis sich feste Spitzen bilden. Die gemahlenen Mandeln unter den Eischnee ziehen, dann den Zucker und das Mehl unterheben.

Den Teig esslöffelweise abstechen, zu Kügelchen formen und auf ein gefettetes und mit Backpapier ausgekleidetes Blech legen. Mit dem Zucker bestreuen und 15 Minuten backen oder bis sie goldgelb sind.

Kokosmakronen

Für 20 Stück

2 Eiweiß
115 g feiner Zucker
150 g Kokosflocken
100 g grob gehackte Macadamianüsse
1 TL abgeriebene Schale von 1 unbehandelten Limette

Den Ofen auf 160 °C vorheizen. Die Eiweiße schlagen, bis sich feste Spitzen bilden. Den Zucker, die Kokosflocken, die Nüsse und die Limettenschale in einer Schüssel vermengen und unter den Eischnee ziehen.

Den Teig mit einem Esslöffel abstechen und in kleinen Häufchen auf ein mit Backpapier ausgelegtes Blech setzen. Im Ofen in 10–15 Minuten goldgelb backen. Auf dem Blech abkühlen lassen.

Manchmal serviere ich diese Kokosmakronen mit Kokoseis als Dessert.

Aprikosenkuchen

Für eine 20 x 30 cm große Backform, ergibt 24 Stück

155 g Mehl
95 g brauner Zucker
115 g Zucker
2 Prisen Salz
1 TL Backpulver
175 g Butter, gekühlt und gewürfelt

130 g Haferflocken
90 g Kokosflocken
450 g getrocknete Aprikosen, gehackt
100 g Aprikosenkonfitüre
40 g Butter, zerlassen

Den Ofen auf 180 °C vorheizen. Das Mehl, den Zucker, den braunen Zucker, das Salz, das Backpulver und die Butter in der Küchenmaschine zu einer homogenen Masse verarbeiten. (Oder sämtliche Zutaten mit den Fingerspitzen ineinander reiben.) Die Hafer- und die Kokosflocken einarbeiten. Eine Hand voll Teig beiseite legen und den Rest in eine 20 x 30 cm große, gefettete Backform drücken. Im Ofen in 15 Minuten goldgelb backen.

Die Aprikosen in einem kleinen Topf mit 125 ml Wasser vermengen und bei schwacher Hitze unter gelegentlichem Rühren garen, bis die Früchte die Flüssigkeit aufgenommen haben. Etwas abkühlen lassen, mit einem Löffel über dem Teigboden verteilen und verstreichen. Die Aprikosenkonfitüre in Klecksen auf den Früchten verteilen und den zurückbehaltenen Teig in Krümeln darüber streuen. Mit der zerlassenen Butter beträufeln und in 30–35 Minuten goldgelb backen. In der Form völlig erkalten lassen, in viereckige Stücke schneiden und in einem luftdicht verschlossenen Behälter aufbewahren.

Besondere Tage

Wenn ich Gäste zum Essen einlade, ist nicht nur das Essen selbst, sondern auch das Drumherum wichtig, die Drinks, die Musik, die Dekoration und die ganze Atmosphäre. Ich wähle gern ein Motto und lasse mich dann bei den Details von meiner Fantasie leiten. Allerdings bin ich kein großer Fan von förmlichen Festtafeln und serviere nur selten ein mehrgängiges Menü. Bei mir kommt alles – Snacks, Vorspeisen, Hauptgerichte und Beilagen – gleichzeitig auf den Tisch. Das Essen ist einfach und nur anders zusammengestellt (übermäßiges Brimborium ist nicht meine Art). Eine Regel habe ich allerdings: Es muss eine gewisse geschmackliche Linie erkennbar sein. Heutzutage, wo wir an einem Tag italienisch, mexikanisch und Sushi essen können, lege ich Wert darauf, dass sich die Aromen der verschiedenen Speisen ergänzen und miteinander harmonieren.

Sommer-Salsa-Fiesta Guacamole mit gerösteten Tortilla-Chips, Tequila Mojito, marinierte Riesengarnelen, Reissalat mit Mais

Guacamole mit gerösteten Tortilla-Chips

Für 4 Personen

1 kleine weiße Zwiebel, fein gewürfelt
1 TL Meersalz
1 frische grüne Chilischote, von den Samen befreit und fein gehackt
Saft von 2 Limetten
2 vollreife Avocados, gewürfelt
2 kleine Tomaten, von den Samen befreit und gewürfelt
1 Handvoll frische Korianderblätter
1 Paket Mehltortillas (250 g)

Die Zwiebel, das Salz und den Chili im Mörser grob zerreiben. Mit dem Limettensaft, den Avocadowürfeln, den Tomatenwürfeln und den Korianderblättern vermengen.

Die Tortillas in Dreiecke schneiden und unter dem Backofengrill von jeder Seite 1 Minute goldbraun und knusprig rösten. Mit der Guacamole servieren.

Tequila Mojito

Für 4 Personen

1 große Handvoll frische Minzeblätter
110 g Zucker
4 EL Limettensaft
170 ml weißer Tequila
zerstoßenes Eis
325 ml eisgekühltes Mineralwasser mit Kohlensäure

Die Minzeblätter und den Zucker in ein Glas zum Mixen geben und mit einem Stößel oder dem Ende eines dünnen Nudelholzes zerstoßen. Den Limettensaft und den Tequila zugießen.

Vier Gläser mit zerstoßenem Eis füllen und zu gleichen Teilen mit der Tequilamischung übergießen. Mit dem Mineralwasser auffüllen und servieren.

Servieren Sie zum Abschluss frische Papaya. Die Frucht halbieren, vom Kerngehäuse befreien, in Halbmonde schneiden und mit frisch gepresstem Limettensaft beträufeln.

Marinierte Riesengarnelen

Für 4 Personen

12 Riesengarnelen in der Schale
4 Knoblauchzehen, zerstoßen
1 kleine rote Chilischote, von den Samen befreit und gehackt
4 EL bestes Olivenöl
Meersalz

Zum Servieren
Limettenspalten

Zwölf Bambusspieße einige Stunden wässern, damit sie beim Grillen nicht verbrennen.

Die Garnelen bis auf den Schwanzfächer schälen und die Därme entfernen. Den Knoblauch, Chili und das Öl vermengen. Die Garnelen darin wenden und 30 Minuten marinieren.

Einen Elektrogrill vorheizen oder einen Holzkohlegrill vorbereiten. Die Garnelen auf die Spieße stecken, leicht salzen und von jeder Seite 2–3 Minuten grillen. Mit Limettenspalten servieren.

Reissalat mit Mais

Für 4 Personen

200 g Rundkornreis
400 g frische Maiskörner
2 EL bestes Olivenöl
3 EL Limettensaft
Meersalz
frisch gemahlener schwarzer Pfeffer
1 kleine Handvoll frische Korianderblätter
4 Frühlingszwiebeln, gehackt

Den Reis 10 Minuten in kochendem Salzwasser garen oder bis er weich ist. Die letzten 30 Sekunden der Garzeit den Mais zugeben. Abgießen und unter kaltem Wasser abschrecken.

In einer Salatschüssel das Öl und den Limettensaft verrühren und mit Salz und Pfeffer würzen. Die Reis-Mais-Mischung in das Dressing geben und sorgfältig unterheben. Kurz vor dem Servieren die Korianderblätter und Frühlingszwiebeln untermischen.

Mediterranes Abendessen Geröstete Mandeln mit Thymian, Gnocchi mit Tomatensauce, Brathähnchen, grüner Salat mit Schalotten-Vinaigrette, Kirsch-Clafoutis

Geröstete Mandeln mit Thymian

Geröstete Mandeln mit Thymian

Für 4–6 Personen

250 g rohe Mandelkerne
1 EL bestes Olivenöl
2 TL gehackter frischer Thymian
2 TL Meersalz

Den Ofen auf 200 °C vorheizen. Sämtliche Zutaten in einer Schüssel gründlich vermengen. Ein Backblech mit Backpapier auslegen, die Mischung darauf verteilen und 5–7 Minuten rösten. Etwas abkühlen lassen und mit Drinks servieren.

Gnocchi mit Tomatensauce

Für 4 Personen

500 g vollreife Tomaten oder 400 g Dosentomaten
2 EL bestes Olivenöl, plus Öl für die Gnocchi
3 Knoblauchzehen, in dünne Scheiben geschnitten
1 Prise Zucker
1 TL Meersalz
500 g frische Gnocchi von guter Qualität

Zum Servieren
frische Basilikumblätter

Die Tomaten auf der Unterseite kreuzweise einritzen, in einer Schüssel mit kochendem Wasser überbrühen und 30 Sekunden darin liegen lassen. In kaltem Wasser abschrecken und häuten. Das Fruchtfleisch grob hacken.

In einer Pfanne mit schwerem Boden das Öl bei mittlerer Hitze heiß werden lassen. Den Knoblauch 1 Minute goldgelb anschwitzen, die Tomaten, den Zucker und das Salz zugeben und bei schwacher bis mittlerer Hitze 20 Minuten unter gelegentlichem Rühren garen, bis die Sauce eingedickt ist.

Inzwischen in einem großen Topf gesalzenes Wasser zum Kochen bringen. Die Gnocchi hineingeben und garen, bis sie an die Oberfläche steigen. Abgießen und mit etwas Öl vermengen, damit sie nicht aneinander kleben. Zum Servieren in Schalen anrichten, mit der Tomatensauce überziehen und mit Basilikumblättern garnieren.

Brathähnchen

Für 4 Personen

1 Hähnchen (von etwa 1,6 kg)
Meersalz
frisch gemahlener schwarzer Pfeffer
1 Handvoll frische Kräuter (z.B. Oregano, Thymian oder Estragon)
2 Knoblauchzehen, zerdrückt
2 unbehandelte Zitronen, halbiert

Zum Servieren
1 Handvoll frische Kräuter (die gleichen Sorten, die zum Braten verwendet wurden)

Den Ofen auf 220 °C vorheizen. Das Hähnchen gründlich waschen und trockentupfen. Innen und außen salzen und pfeffern, die Kräuter, den Knoblauch und 2 Zitronenhälften in die Bauchhöhle stecken und die Keulen mit Küchengarn verschnüren. Das Hähnchen mit den restlichen Zitronenhälften in eine Bratenpfanne legen und im Ofen 20 Minuten braten.

Die Ofentemperatur auf 200 °C reduzieren und den Vogel weitere 50 Minuten braten, bis beim Einstechen an der dicksten Stelle der Keule klarer Saft austritt. Das Hähnchen 10 Minuten ruhen lassen und anschließend tranchieren. Das Fleisch anrichten, mit dem Bratensaft überziehen und mit frischen Kräutern und den gebratenen Zitronenhälften garniert servieren.

Grüner Salat mit Schalotten-Vinaigrette

Für 4 Personen

1 Schalotte, fein gewürfelt
1 EL Rotweinessig
Meersalz
frisch gemahlener schwarzer Pfeffer
3 EL bestes Olivenöl
200 g Salatblätter

Die Schalotte mit dem Rotweinessig in einer kleinen Schüssel verrühren und mit Salz und Pfeffer abschmecken. Das Öl einrühren, die Vinaigrette über die Salatblätter gießen und gut unterheben.

Damit es beim Essen möglichst entspannt zugeht, stelle ich alles zusammen auf den Tisch.

In Frankreich werden die Kirschen meist nicht entsteint. Mir ist das ein bisschen zu riskant für die Zähne. Es gibt spezielle Entsteiner, die die Arbeit schnell und problemlos erledigen.

Kirsch-Clafoutis

Für 1 runde Auflauf- oder Tarteform à 1,5 Liter oder für 8–10 Personen

Butter zum Einfetten der Form
250 g Kirschen, entsteint
4 EL Mehl, durchgesiebt
110 g Zucker
125 ml Milch
185 g Sahne
2 TL Bourbon-Vanillezucker
4 Eier

Zum Servieren
Schlagsahne oder Crème fraîche

Den Ofen auf 180 °C vorheizen. Die Auflauf- oder Tarteform mit Butter einfetten und mit etwas Zucker ausstreuen. Die Kirschen gleichmäßig in der Form verteilen. In einer Schüssel das Mehl und den Zucker vermengen. Die Milch, die Sahne und den Vanillezucker zugeben und alles gründlich verrühren. Die Eier zufügen und schlagen, bis die Mischung glatt ist. Über die Kirschen gießen und im Ofen 30–35 Minuten backen, bis die Masse goldbraun und leicht aufgegangen ist. Warm mit Schlagsahne oder Crème fraîche servieren.

Pool-Party Glasierter Schinken, frisches Mango-Chutney, scharfer Krautsalat, Kartoffelsalat mit Dill, Grüne Bohnen-Salat, Passionsfrucht-Trifle

Glasierter Schinken

Für 8–10 Personen

1 ganzer roher Hinterschinken (etwa 6 kg)
20–25 Gewürznelken
170 g Honig
2 EL gekörnter Senf
3 EL trockener Sherry oder Rum
2 TL Sojasauce
3 EL brauner Zucker

Den Ofen auf 180 °C vorheizen.

Mit einem kleinen, scharfen Messer die Schwarte des Schinkens rundherum einschneiden. Vorsichtig mit den Fingern zwischen Schwarte und Fettschicht fahren und die Schwarte in einem Stück ablösen.

In die Fettschicht ein Rautenmuster einritzen und die Mitte jeder Raute mit einer Nelke spicken. Einen Bräter mit Backpapier auskleiden, den Schinken auf einen Rost darübersetzen und im Ofen 10 Minuten braten.

Für die Glasur den Honig, Senf, Sherry oder Rum, die Sojasauce und den Zucker in einem Topf verrühren und bei schwacher Hitze 10 Minuten köcheln lassen oder bis die Mischung eingedickt ist. Ab und zu umrühren. Den Schinken mit der Glasur einpinseln; darauf achten, dass sämtliches sichtbares Fett gut bedeckt ist. Den Schinken weitere 20–30 Minuten goldbraun braten. Alle 10 Minuten mit der Glasur einpinseln. Aus dem Ofen nehmen und auf einer Platte anrichten. Mit frischem Mango-Chutney servieren.

Frisches Mango-Chutney

1/2 kleine rote Zwiebel, fein gewürfelt
1 rote Chilischote, von den Samen befreit und fein gehackt
3 vollreife Mangos, gewürfelt
2 EL Limettensaft
1 TL Zucker
Meersalz

Sämtliche Zutaten behutsam in einer Schüssel verrühren und mindestens 30 Minuten ziehen lassen, damit sich die Aromen miteinander verbinden.

Scharfer Krautsalat

Für 4–6 Personen

125 ml bestes Olivenöl
4 EL Limettensaft
Meersalz
frisch gemahlener schwarzer Pfeffer
1/2 Weißkohl, in Streifen geschnitten
1 rote Zwiebel, in feine Streifen geschnitten
1 kleine Handvoll frische Korianderblätter
2 große rote Chilischoten, in feine Streifen geschnitten

Für das Dressing das Öl und den Limettensaft verrühren und mit Salz und Pfeffer abschmecken. Die Weißkohlstreifen und die Zwiebel mit dem Dressing übergießen und behutsam durchmischen. Bis zum Servieren zugedeckt in den Kühlschrank stellen. Die Korianderblätter und die Chilistreifen untermengen und servieren.

Kartoffelsalat mit Dill

Für 4–6 Personen

1 kg fest kochende Kartoffeln, ungeschält
6 Frühlingszwiebeln, gehackt
1 kleine Handvoll grob gehackte frische glatte Petersilie
1 kleine Handvoll fein gehackter frischer Dill
1 EL Zucker
1 EL Dijonsenf
Meersalz
frisch gemahlener schwarzer Pfeffer
2 EL Weißweinessig
4 EL bestes Olivenöl

Die Kartoffeln in kochendem Salzwasser garen, bis sie weich sind. Abtropfen lassen und in Scheiben schneiden. Vorsichtig mit den Frühlingszwiebeln, der Petersilie und dem Dill vermengen. Den Zucker, Senf, das Salz, den Pfeffer und Essig verrühren. In einem dünnen, steten Strahl das Öl unterschlagen, bis die Sauce dick wird. Den Kartoffelsalat mit der Vinaigrette vermengen und vor dem Servieren abkühlen lassen.

Grüne Bohnen-Salat

Für 4–6 Personen

3 EL bestes Olivenöl
1 EL Weißweinessig
Meersalz
frisch gemahlener schwarzer Pfeffer
300 g grüne Buschbohnen, gegart
250 g gelbe Cocktailtomaten, halbiert
3 Frühlingszwiebeln, in Streifen geschnitten
1 kleine Handvoll frische glatte Petersilienblätter

Für das Dressing das Öl und den Essig verrühren und mit Salz und Pfeffer abschmecken. Die Bohnen, Tomaten, Frühlingszwiebeln und Petersilie vermengen und mit dem Dressing anmachen.

Waffeleis selbst gemacht: Gehackte Bitterschokolade unter leicht angetautes Vanilleeis ziehen, im Gefrierschrank wieder fest werden lassen und in die besten Eiswaffeln füllen, die Sie kriegen können.

Passionsfrucht-Trifle

Für 6 Personen

Passionsfruchtsirup
250 ml Passionsfruchtfleisch (von etwa 12 Früchten; ersatzweise gekauftes Passionsfruchtmark)
110 g Zucker

300 g Sahne
2 EL Süßwein
2 EL Puderzucker
2 TL Bourbon-Vanillezucker
600 g Biskuitböden, gewürfelt
250 ml Süßwein extra

Für den Passionsfruchtsirup das Fruchtfleisch oder -mark mit dem Zucker und 125 ml Wasser in einem Topf bei mittlerer Hitze verrühren, bis sich der Zucker aufgelöst hat. Die Mischung 10 Minuten kochen lassen, bis sie von geleeartiger Konsistenz ist. Abkühlen lassen.

Die Sahne mit dem Süßwein, Puderzucker und Vanillezucker steif schlagen, bis sich weiche Spitzen bilden.

Die Hälfte der Biskuitwürfel auf 6 Servierschalen verteilen und mit der Hälfte des Extraweins beträufeln. Mit der Hälfte der Schlagsahne und des Passionsfruchtsirups bedecken und die andere Hälfte der Zutaten in gleicher Weise einschichten.

Schnelles, einfaches Abendessen

Hähnchen mit Senfkruste, Tomatensalat mit eingelegter Zitrone, Feigen und Himbeeren mit frischem Ricotta, Mandelbrot

Wenn Sie mal eine superschnelle Vorspeise brauchen: grüne Spargelstangen putzen und einige Minuten in Salzwasser bissfest blanchieren. Auf einer Platte anrichten, mit bestem Olivenöl beträufeln und mit Meersalz und Parmesanhobeln bestreuen.

Hähnchen mit Senfkruste

Für 4 Personen

8 Hähnchenoberschenkel mit Haut
3 EL Dijonsenf
2 Eier, leicht verquirlt
40 g frische Semmelbrösel
1 EL gehackte frische glatte Petersilie
1 Prise getrocknete rote Chiliflocken
Meersalz
frisch gemahlener schwarzer Pfeffer
25 g Butter

Zum Servieren
gekochte neue Kartoffeln

Den Ofen auf 180 °C vorheizen. Die Hähnchenschenkel mit dem Senf bestreichen, durch das verquirlte Ei ziehen und in eine leicht eingeölte, ofenfeste Form legen.

Die Semmelbrösel, Petersilie, Chiliflocken sowie Salz und Pfeffer in einer Schüssel vermengen und die Hähnchenstücke gleichmäßig mit der Mischung bestreuen. Die Butter in Flöckchen darauf verteilen und das Fleisch im Ofen 35 Minuten braten, bis die Kruste goldbraun ist. Mit gekochten Neuen Kartoffeln servieren.

Tomatensalat mit eingelegter Zitrone

Für 4 Personen

4 Tomaten, in Spalten geschnitten
2 Salatzwiebeln, in dünne Ringe geschnitten
1 kleine Handvoll frische glatte Petersilie
1 kleine Handvoll frische Brunnenkresse, geputzt
2 EL Olivenöl
1 EL Zitronensaft
1 EL fein gehackte eingelegte Zitrone (aus dem arabischen Lebensmittelladen), Fruchtfleisch und weißer Bast entfernt

Sämtliche Zutaten in einer Salatschüssel vorsichtig vermengen.

Heute gibt es in jedem Supermarkt Mini-Eis am Stiel, das man wunderbar nach einem zwanglosen Essen zum Kaffee reichen kann. Mit den Stielen nach oben in einer dekorativen Schale in die Mitte des Tischs gestellt, sieht es zudem noch ansprechend aus (am besten kühlen Sie die Schale zuvor im Gefrierschrank).

Feigen mit Himbeeren und frischem Ricotta

Für 4 Personen

500 g Ricotta
120 g schöne Himbeeren
4 Feigen, in Scheiben geschnitten
flüssiger Honig

Zum Servieren
Mandelbrot (gekauft oder siehe unten)

Den Ricotta in 4 Stücke schneiden und auf Tellern anrichten. Mit den Himbeeren und Feigen garnieren und mit dem Honig beträufeln. Mit Mandelbrot oder Kleingebäck servieren.

Mandelbrot

Für 45 Stück

250 g Zucker
370 g Mehl mit 5 g Backpulver vermischt
200 g blanchierte Mandeln
5 Eiweiß

Den Ofen auf 150 °C vorheizen. Den Zucker, das Mehl und die Mandeln in einer großen Schüssel vermengen und die Eiweiße untermischen. Die Hände mit Mehl bestauben und sämtliche Zutaten zu einem weichen, klebrigen Teig verkneten. Eine längliche Backform mit den Maßen 27 x 7 x 7 cm mit Backpapier auskleiden, einfetten und mit Mehl ausstreuen. Den Teig einfüllen und 1 Stunde und 20 Minuten backen oder bis die Kruste goldgelb ist. Das Mandelbrot vollständig erkalten lassen.

Das Brot aus der Form lösen und so dünn wie möglich in Scheiben schneiden. Die Scheiben auf ein mit Backpapier ausgekleidetes Blech legen und im Ofen in 5 Minuten goldgelb backen. Falls nötig, in mehreren Durchgängen arbeiten. Vor dem Servieren abkühlen lassen. In einem luftdicht verschlossenen Behälter lagern.

Kleine Feier im Stehen

Jakobsmuscheln mit Knoblauchbutter, Krabben-Gurken-Salat, Pumpernickel mit »falschem« Graved Lachs, Safranreisbällchen (Arancini), Sorbet mit Wodka, Rum-Cooler mit Himbeeren

Frische Kokosraspel bereitet man folgendermaßen zu: durch das weiche Auge der Kokosnuss ein Loch einstechen und die Kokosmilch ausleeren. Die Nuss 20 Minuten in den 200 °C heißen Ofen legen, mit einem Küchentuch fest in eine Hand nehmen und mit einem schweren Werkzeug, z.B. dem Rücken eines Hackbeils, die Schale aufbrechen. Das Fruchtfleisch mit einem stumpfen Messer herauslösen, solange es noch warm ist und mit einem Sparschäler hobeln.

Jakobsmuscheln mit Knoblauchbutter

Für 12 Stück

12 küchenfertige ausgelöste Jakobsmuscheln, mit den unteren Schalen
60 g weiche Butter
1 Knoblauchzehe, zerstoßen
in feine Streifen geschnittene Schale von 1 unbehandelten Limette
1 TL frische Thymianblätter
Meersalz

Den Backofengrill vorheizen. Die Jakobsmuscheln in den Schalen auf ein Blech setzen. Die Butter mit dem Knoblauch vermengen und auf das Jakobsmuschelfleisch streichen. Mit der Limettenschale und dem Thymian bestreuen und 2 Minuten grillen, bis die Muscheln durchgegart sind. Mit Meersalz würzen und servieren.

Krabben-Gurken-Salat

Für 6 Personen

150 g Glasnudeln
300 g gegartes Krebsfleisch
1 kleine Gurke, in dünne Bänder geschnitten
1 lange rote Chilischote, in dünne Scheiben geschnitten
2 EL frische Minzeblätter
200 g Zuckerschoten, bissfest blanchiert und in Streifen geschnitten

Kokos-Limettendressing
80 ml Kokosmilch, cremig (ungesüßt aus der Dose)
2 EL Limettensaft
1 EL Zucker
1 EL Fischsauce (Asia-Markt, z.B. Nam pla oder Nuoc mam)

frische Kokosraspel zum Garnieren

Die Nudeln mit kochendem Wasser übergießen und 5 Minuten einweichen. Abgießen, unter kaltem Wasser abschrecken und abtropfen lassen. Beiseite stellen. Die Zutaten für das Dressing verrühren, bis sich der Zucker aufgelöst hat.

Die Nudeln in einer Schüssel mit dem Krebsfleisch, der Gurke, dem Chili, der Minze und den Zuckerschoten vermengen. Das Dressing darüber gießen und behutsam unterheben. Mit den Kokosraspeln garnieren und servieren.

Pumpernickel mit »falschem« Graved Lachs

Für 24 Canapés

6 Scheiben Pumpernickel
2 EL gehackter frischer Dill
2 EL gehackter frischer Kerbel
2 EL Schnittlauchröllchen
1/2 TL abgeriebene Schale von 1 unbehandelten Zitrone
250 g Lachsfilet ohne Haut, im Kühlschrank kalt gestellt
2 EL Zitronensaft
2 EL bestes Olivenöl

Die Pumpernickelscheiben in 4 gleich große Quadrate schneiden. Den Dill, Kerbel, Schnittlauch und die Zitronenschale vermengen. Die Kräutermischung auf eine Seite des Lachsfilets auftragen und etwas andrücken. Den Lachs mit der Kräuterseite nach oben auf ein Brett legen und mit einem sehr scharfen Messer so dünn wie möglich in Scheiben schneiden. Die Pumpernickelquadrate dekorativ mit den Scheiben belegen. Den Zitronensaft mit dem Olivenöl verrühren und kurz vor dem Servieren über den Lachs träufeln.

Safranreisbällchen (Arancini)

Für 30 Stück

3 EL Olivenöl
25 g Butter
1 weiße Zwiebel, fein gehackt
Meersalz
250 g Arborio-Reis
1/2 TL Safranfäden
375 ml Hühnerbrühe (siehe Seite 104)
50 g geriebener Parmesan
frisch gemahlener schwarzer Pfeffer
3 EL gehackte frische glatte Petersilie
60 g Mozzarella, gewürfelt
60 g Mehl
3 Eier, leicht verquirlt
100 g Semmelbrösel

Einen großen Topf mit schwerem Boden erhitzen, 1 Esslöffel Öl, die Hälfte der Butter, die Zwiebel und etwas Salz zugeben und bei schwacher Hitze unter gelegentlichem Rühren farblos anschwitzen. Den Reis und den Safran hinzufügen und einige Minuten rühren, bis die Reiskörner glänzen. Die Hühnerbrühe und 250 ml Wasser zugießen und bei starker Hitze zum Kochen bringen. Zugedeckt 15 Minuten garen, dabei gelegentlich umrühren.

Den Topf vom Herd nehmen, die restliche Butter und den Parmesan unterrühren und mit schwarzem Pfeffer würzen; in eine große Schüssel füllen und 15 Minuten in den Kühlschrank stellen. Die Petersilie unterziehen. Die Hände mit Wasser benetzen (damit die Masse nicht klebt) und den Reis zu etwa walnussgroßen Bällchen formen. In die Mitte jedes Bällchens einen Mozzarellawürfel stecken.

Den Ofen auf 200 °C vorheizen. Das Mehl, die Eier und die Semmelbrösel in getrennte Schüsseln füllen. Die Reisbällchen zunächst in dem Mehl wenden, dann durch das Ei ziehen und zuletzt mit den Semmelbröseln panieren. Ein Backblech mit dem restlichen Öl beträufeln, die Bällchen darin rollen und im Ofen in 25 Minuten goldbraun backen.

Rum-Cooler mit Himbeeren

Sorbet mit Wodka

Für 12 Personen

1 l Sorbet-Eis von guter Qualität (z.B. Passionsfrucht, Mango oder Erdbeere)
500 ml Wodka

Das Sorbet in Kugeln ausstechen und in Gläsern oder Dessertschalen anrichten. Mit jeweils 1–2 Esslöffeln Wodka übergießen und mit Löffeln sofort servieren.

Rum-Cooler mit Himbeeren

Für 2 Personen

1 Glas Eiswürfel
2 EL weißer Rum
2 EL Limettensaft
2 TL Zucker
Mineralwasser mit Kohlensäure
50 g Himbeeren
2 Limettenscheiben von einer unbehandelten Frucht

Zum Servieren
Eiswürfel

Die Eiswürfel, den Rum, den Limettensaft und den Zucker in einen Cocktail-Shaker geben. Kräftig schütteln und in 2 zur Hälfte mit Eis gefüllte Gläser abseihen. Einen Spritzer Mineralwasser zugeben und mit den Himbeeren und einer Limettenscheibe garnieren.

Die Ränder der Wan-tan-Hüllen bündig übereinander schlagen und versiegeln, sodass ein Dreieck entsteht. Dann die spitzen Enden des Dreiecks ähnlich wie bei Tortellini zusammenführen.

Chinesisches Bankett Wan tan mit Garnelenfüllung und süßem Chili-Dip, Spareribs, Zuckerschotensalat mit Pak choi und Sesam, Reissalat mit Minze

Wan tan mit Garnelenfüllung und süßem Chili-Dip

Für 24 Stück

500 g rohe Garnelen, geschält, von den Därmen befreit und gehackt
2 EL gehacktes frisches Koriandergrün
1 EL Austernsauce (Asia-Markt)
1 TL frisch geriebener Ingwer
1 TL Sesamöl
1/2 TL Salz
24 Wan-tan-Hüllen
mild-aromatisches Pflanzenöl zum Frittieren (ich nehme Rapsöl)

Süßer Chili-Dip
3 große rote Chilischoten, fein gehackt
250 ml Reisessig
2 TL Salz
165 g Zucker
1 große Knoblauchzehe, gehackt

Das Garnelenfleisch, das Koriandergrün, die Austernsauce, den Ingwer und das Sesamöl vermengen und salzen. Eine Wan-tan-Hülle auf die Arbeitsfläche legen und 1 Teelöffel der Füllung in die Mitte setzen. Einen Finger mit Wasser benetzen und den Rand des Teigblatts rundherum befeuchten. Dann eine Ecke so über die Füllung schlagen, dass ein Dreieck entsteht. Den Rand durch leichtes Andrücken versiegeln und die beiden spitzen Ecken des Dreiecks wie bei Tortellini übereinander schlagen und zusammendrücken. Mit den restlichen Wan-tan-Hüllen in gleicher Weise verfahren.

Sämtliche Zutaten für den Chili-Dip in einem kleinen Topf bei schwacher Hitze verrühren, bis sich der Zucker aufgelöst hat. Zum Kochen bringen und 5 Minuten sirupartig eindicken lassen. Kalt servieren.

Das Öl in einer Fritteuse oder einer geeigneten Pfanne bei mittlerer Hitze heiß werden lassen, die Wan tan portionsweise in das heiße Öl geben und in 2 Minuten goldbraun frittieren. Auf Küchenpapier abtropfen lassen und mit dem süßen Chili-Dip sofort servieren.

Spareribs

Für 6 Personen

2,5 kg Spareribs (Schälrippchen)
Meersalz
frisch gemahlener schwarzer Pfeffer
4 Knoblauchzehen, zerstoßen
2 EL fein geriebener frischer Ingwer
250 ml Sojasauce
125 g Honig
3 EL Shaoxing (Reiswein, Asia Markt) oder trockener Sherry
1 TL Fünf-Gewürze-Pulver (Asia-Markt, Sternanis, Nelken, Fenchelsamen, Zimt, Sichuan-Pfeffer)
125 ml Hoisin-Sauce (Asia-Markt)

Den Ofen auf 160 °C vorheizen. Die Rippchen auf ein Backblech legen, großzügig mit Salz und Pfeffer würzen und 1 Stunde im Ofen braten.

Inzwischen in einem kleinen Topf den Knoblauch, Ingwer, die Sojasauce, den Honig, Shaoxing, das Fünf-Gewürze-Pulver und die Hoisin-Sauce vermengen und bei mittlerer Hitze in 15 Minuten unter gelegentlichem Rühren eindicken lassen.

Die Spareribs mit der Mischung einstreichen und weitere 20 Minuten braten. Auf ein Tranchierbrett legen, nochmals mit der Sauce bestreichen und in einzelne Rippchen zerteilen. Servieren.

Frische Wassermelone und Glückskekse sind ein sehr einfacher, aber origineller Abschluss eines chinesischen Essens.

Reissalat mit frischer Minze

Zuckerschotensalat mit Pak choi und Sesam

Für 6 Personen

3 kleine Pak choi, halbiert
300 g Zuckerschoten, geputzt
125 ml Sojasauce
125 ml Mirin (süßlich-scharfer Reiswein, Asia-Markt)
2 TL schwarze Sesamsamen

Den Pak choi und die Zuckerschoten 1–2 Minuten in kochendem Salzwasser bissfest garen und sofort unter fließendem Wasser kalt abschrecken (damit sie ihre leuchtend grüne Farbe behalten). Das Gemüse mit der Sojasauce, dem Mirin und dem Sesam vermengen und vor dem Servieren im Kühlschrank durchkühlen lassen.

Reissalat mit frischer Minze

Für 6 Personen

750 g gegarter weißer Rundkornreis, abgekühlt
3 EL Olivenöl
2 EL Limettensaft
Meersalz
frisch gemahlener schwarzer Pfeffer
3 EL in feine Streifen geschnittener Ingwer
4 Frühlingszwiebeln, in feine Scheiben geschnitten
1 Handvoll frische Minzeblätter

Den Reis in eine große Schüssel geben. Das Öl mit dem Limettensaft verrühren und mit Salz und Pfeffer würzen. Den Ingwer, die Frühlingszwiebeln und die Minzeblätter zugeben und gründlich mit dem Reis vermischen.

Für einen einfachen Tomatensalat mischen Sie 3 grob gehackte Tomaten, 1 kleine gehackte weiße Zwiebel, 1 EL Limettensaft und 1 EL gehackte frische Korianderblätter und schmecken alles mit Salz ab.

Kebab-Party Lamm-Köfte, Bombay-Kartoffelsalat, Thunfischspieße, Minz-Chutney

Lamm-Köfte

Für 4 Personen

500 g Lammhackfleisch
1 TL Meersalz
frisch gemahlener schwarzer Pfeffer
1 TL gemahlener Kreuzkümmel
1 TL gemahlener Koriander
1 kleine Handvoll gehackte frische Korianderblätter
2 weiße Zwiebeln, gerieben
1 kleine grüne Chilischote, fein gehackt
2 EL Olivenöl

Zum Servieren
Limettenspalten
Mango-Chutney

Das Lammhackfleisch mit dem Salz, Pfeffer, Kreuzkümmel, dem gemahlenen Koriander, Korianderblättern, der Zwiebel und dem Chili gründlich vermengen. Von der Masse esslöffelgroße Portionen abnehmen, zu Bällchen rollen und auf Spieße stecken.

Einen Grill vorheizen oder eine große Pfanne bei mittlerer bis starker Hitze heiß werden lassen und das Öl hineingeben. Die Köfte portionsweise garen bis sie rundherum braun und durch sind. Mit den Limettenspalten und Mango-Chutney servieren.

Bombay-Kartoffelsalat

Für 4 Personen

750 g fest kochende Kartoffeln, geschält und schräg in Scheiben geschnitten
1 1/2 TL Meersalz
4 EL bestes Olivenöl
3 EL Limettensaft
2 TL gelbe Senfsamen, einige Sekunden in der Pfanne trocken geröstet
2 TL gemahlener Kurkuma
frisch gemahlener schwarzer Pfeffer
1 kleine grüne Paprika, fein gewürfelt
1 kleine Handvoll frische Korianderblätter
6 Frühlingszwiebeln, schräg in Stücke geschnitten

Einen großen Topf mit Wasser bei starker Hitze zum Kochen bringen. Die Kartoffeln und 1 Teelöffel Salz hineingeben und auf mittlerer Stufe 8–10 Minuten garen, bis sie weich sind. Zur Garprobe mit einer Messerspitze einstechen. Lieber etwas zeitiger abgießen, da die Kartoffeln noch etwas nachgaren.

Das Olivenöl, den Limettensaft, die Senfsamen, den Kurkuma, Pfeffer und das restliche Salz verrühren. Die Hälfte des Dressings über die heißen Kartoffeln gießen und vorsichtig unterheben. Wenn die Kartoffeln abgekühlt sind, vorsichtig die Paprika, die Korianderblätter, die Frühlingszwiebeln und das restliche Dressing untermengen.

Thunfischspieße

Für 4 Personen

1 EL frisch geriebener Ingwer
4 Knoblauchzehen, zerstoßen
1/4 TL Cayennepfeffer
1 TL gemahlener Koriander
1/2 TL gemahlener Kurkuma
1 TL Meersalz
frisch gemahlener schwarzer Pfeffer
3 EL Olivenöl
600 g Thunfisch, in mundgerechte Würfel geschnitten

Zum Servieren
Limettenspalten
frisches Koriandergrün
indisches Fladenbrot (Papadam)
Joghurt

Acht Holzspieße 1 Stunde wässern, damit sie beim Garen nicht verbrennen. Sämtliche Zutaten bis auf den Thunfisch in einer Schüssel verrühren. Den Fisch einlegen und 1 Stunde im Kühlschrank marinieren.

Die Thunfischstücke auf die eingeweichten Spieße stecken und bei starker Hitze von jeder Seite 1 Minute braten oder grillen. Mit den Limettenspalten und Koriandergrün garnieren und mit Fladenbrot und Joghurt servieren.

Minz-Chutney

Für 4 Personen

3 große Handvoll frische Minzeblätter
2 Tomaten, gehackt
1 große, scharfe grüne Chilischote, gehackt
1 Knoblauchzehe, gehackt
1 EL bestes Olivenöl
1 EL Limettensaft
Meersalz

Die Minze gründlich waschen und nur kurz abtropfen lassen (die Blätter sollen noch benetzt sein). Die Tomaten im Mixer pürieren. Die Minze und die restlichen Zutaten zugeben und alles zu einer Paste zermahlen. Falls nötig, die Masse mit einem Spatel immer wieder nach unten schieben. Zugedeckt im Kühlschrank aufbewahren.

Frisch zubereitete Limonade ist ein origineller Drink zu pikanten Speisen. Vier Esslöffel Zucker mit 5 Esslöffeln frisch gepresstem Limettensaft verrühren, bis sich der Zucker aufgelöst hat. Mit Mineralwasser auffüllen und mit reichlich Eiswürfeln servieren.

Zum Herauslösen der süßen Granatapfelkerne die Frucht halbieren und die Hälften fest zusammendrücken, damit sich die Kerne in den Fruchthöhlen lockern. So viele Kerne wie möglich herausschütteln, dann die Frucht weiter aufschneiden und die verbliebenen Samen aus den Scheidewänden lösen.

Geburtstagsessen Lammfleisch mit Oliven-Walnuss-Relish, Kartoffeln mit Tomate, Schafskäse und Petersilie, Salatherzen mit Gurken und Minze, Buttermilchcreme mit Himbeeren in Rosenwasser

Lammfleisch mit Oliven-Walnuss-Relish

Für 4 Personen

2 Lammrückenfilets
2 EL Olivenöl
Meersalz
frisch gemahlener schwarzer Pfeffer

Zum Servieren
Oliven-Walnuss-Relish (siehe unten)

Den Ofen auf 240 °C vorheizen. Die Lammrückenfilets mit dem Olivenöl bestreichen und mit Salz und Pfeffer würzen. Eine ofenfeste Pfanne bei starker Hitze sehr heiß werden lassen. Das Fleisch darin 2 Minuten von der einen Seite anbraten. Wenden und von der anderen Seite 1 Minute anbraten.

Die Pfanne in den Ofen schieben und das Fleisch darin weitere 3–5 Minuten garen. Herausnehmen und das Fleisch in der Pfanne einige Minuten ruhen lassen. Schräg in Scheiben schneiden und mit dem Relish servieren.

Oliven-Walnuss-Relish

175 g grüne Oliven, entsteint
50 g Walnusskerne
2 EL bestes Olivenöl
2 Frühlingszwiebeln, in dünne Scheiben geschnitten
3 EL gehackte frische glatte Petersilie
1 TL fein gehackte grüne Chilischote
1 EL Granatapfelsirup (ersatzweise Grenadine)
1 EL Zitronensaft
80 g Granatapfelkerne

Die Oliven und Walnusskerne grob hacken. Sorgfältig mit den restlichen Zutaten verrühren und vor dem Servieren eine Weile durchziehen lassen.

Kartoffeln mit Tomaten, Schafskäse und Petersilie

Für 4 Personen

2 EL Olivenöl
1 rote Zwiebel, in Streifen geschnitten
Meersalz
2 Knoblauchzehen, in Scheiben geschnitten
400 g gehackte Dosentomaten oder passierte Tomaten oder Tomatensauce von guter Qualität
2 EL frische glatte Petersilienblätter
800 g Kartoffeln, geschält und längs geviertelt

Zum Servieren
1 EL Zitronensaft
100 g Schafskäse, in Scheiben geschnitten
1 EL frische glatte Petersilienblätter

Eine Pfanne mit hohem Rand bei mittlerer Hitze heiß werden lassen. Das Olivenöl, die Zwiebel und 1 Prise Salz hineingeben und 6–8 Minuten anschwitzen, bis die Zwiebel weich ist. Den Knoblauch, die Tomaten, die Petersilie und 250 ml Wasser zufügen und zum Kochen bringen. Die Kartoffeln untermengen und zugedeckt bei schwacher Hitze etwa 20 Minuten garen. Den Deckel abnehmen, die Hitze etwas erhöhen und 10 Minuten köcheln lassen, bis die Sauce leicht eingedickt ist. Zum Servieren den Zitronensaft unterrühren und den Schafskäse mit den Petersilienblättern darauf verteilen.

Salatherzen mit Gurke und Minze

Für 4 Personen

2 kleine Salatgurken, längs geviertelt und halbiert
2 Romanasalatherzen, geviertelt
1 kleine Handvoll frische Minzeblätter
3 EL bestes Olivenöl
2 EL Zitronensaft
Meersalz
frisch gemahlener schwarzer Pfeffer

Die Gurken, den Romana und die Minze dekorativ auf einer Platte anrichten. Mit dem Olivenöl und Zitronensaft beträufeln und mit Salz und Pfeffer würzen.

Buttermilchcreme mit Himbeeren in Rosenwasser

Für 6 Personen

3 TL Gelatinepulver
125 g Sahne
200 g Zucker
1 Vanilleschote, längs aufgeschnitten
800 ml Buttermilch
125 g leicht geschlagene Sahne

Zum Servieren
Himbeeren in Rosenwasser (siehe unten)

Die Gelatine in einer kleinen Schüssel in 2 Esslöffeln Wasser einweichen. Inzwischen die Sahne mit dem Zucker und der Vanilleschote in einem Topf behutsam erhitzen, bis sich der Zucker aufgelöst hat. Den Topf vom Herd nehmen, die eingeweichte Gelatine einrühren und auflösen. Die Mischung 10 Minuten abkühlen lassen, dann die Buttermilch zugießen und die leicht geschlagene Sahne unterziehen.

Die Creme auf 6 Dessertschalen verteilen und 6 Stunden oder über Nacht im Kühlschrank fest werden lassen. Zum Servieren mit einem Esslöffel Himbeeren in Rosenwasser garnieren.

Himbeeren in Rosenwasser

175 g frische Himbeeren oder aufgetaute Tiefkühlware
2 EL Puderzucker, gesiebt
1/2 TL Rosenwasser

Die Hälfte der Himbeeren in einer Glasschüssel mit der Gabel zerdrücken. Den Puderzucker unterrühren und je nach gewünschter Süße abschmecken. Die restlichen Himbeeren und das Rosenwasser unterheben und bis zum Servieren kalt stellen.

Marokkanische Nacht

Pitta-Kräcker, roter Paprikasalat, Hähnchen-Tagine, grüne Bohnen mit Brunnenkresse, Pistazienkuchen mit Orangenblütensirup

Rösten Sie die halbierten Paprikaschoten 40 Minuten im heißen Ofen oder 5 Minuten unter dem sehr heißen Grill, bis sich die Haut schwarz färbt. Anschließend 10 Minuten in einem Gefrierbeutel abkühlen lassen und Sie werden staunen, wie leicht sich die Haut abziehen lässt.

Pitta-Kräcker

Für 4 Personen

3 Vollkorn-Pittabrote, quer halbiert und in Dreiecke geschnitten
Olivenöl zum Bestreichen
Meersalz und Fenchelsamen zum Bestreuen

Den Ofen auf 200 °C vorheizen. Das Brot mit dem Olivenöl bestreichen und mit Salz und Fenchelsamen bestreuen. Auf ein Backblech legen und in 10 Minuten knusprig backen.

Roter Paprikasalat

Für 4 Personen

3 rote Paprika, geröstet, von Haut und Samen befreit, in Streifen geschnitten
3 Tomaten, von Stängelansatz und Samen befreit, in Streifen geschnitten
1/2 eingelegte Zitrone (aus dem arabischen Lebensmittelladen), vom Fruchtfleisch befreit, fein gehackt
2 EL bestes Olivenöl
1 TL Zitronensaft
frisch gemahlener schwarzer Pfeffer

Die Paprika und Tomaten auf einem Teller oder in einer Schüssel anrichten. Mit der gehackten Zitrone bestreuen, mit dem Olivenöl und Zitronensaft beträufeln und mit Pfeffer würzen.

Ich serviere dieses Essen gern draußen im Garten, wo überall verstreut kleine Decken und Kissen liegen.

Für Couscous den Couscousgrieß in einer Schüssel mit kochendheißem Wasser oder Brühe übergießen und ohne umzurühren mit Frischhaltefolie bedeckt quellen lassen. Sobald der Grieß sämtliche Flüssigkeit aufgenommen hat, die Körner mit einer Gabel auflockern.

Hähnchen-Tagine

Für 4 Personen

8 Hähnchenober- oder unterschenkel, mit Knochen, Haut entfernt
2 Zwiebeln, gehackt
4 Knoblauchzehen, zerstoßen
1 EL frisch geriebener Ingwer
1 TL gemahlener Kreuzkümmel
1 TL Paprikapulver, edelsüß
1 TL Safranfäden
120 g entsteinte grüne Oliven, in Spalten geschnitten
$1^1/_2$ EL Zitronensaft

Zum Servieren
Couscous

Das Hähnchenfleisch mit den Zwiebeln, dem Knoblauch, dem Ingwer, den Gewürzen und 500 ml Wasser in einen Topf geben und mit einem Deckel verschließen. Zum Kochen bringen, die Temperatur reduzieren und alles bei schwacher Hitze 1 Stunde köcheln lassen oder bis sich das Fleisch vom Knochen löst. Gelegentlich umrühren und das sich an der Oberfläche absetzende Fett abschöpfen. Den Deckel abheben und die Sauce bei starker Hitze in 15 Minuten auf etwa die Hälfte einkochen lassen. Die Oliven und den Zitronensaft unterrühren und alles mit Couscous servieren.

Grüne Bohnen mit Brunnenkresse

Für 4 Personen

300 g Prinzessbohnen, bissfest gegart und kalt abgeschreckt
30 g Brunnenkresse
3 EL gestiftelte Pistazienkerne
2 EL bestes Olivenöl
1 EL Zitronensaft
Meersalz
frisch gemahlener schwarzer Pfeffer

Die Bohnen mit der Brunnenkresse, den Pistazien, dem Öl und Zitronensaft in einer Schüssel vermengen. Mit Salz und frisch gemahlenem schwarzem Pfeffer abschmecken.

Pistazienkuchen mit Orangenblütensirup

Für 1 Springform von 26 cm Ø, ergibt 10 Stück

140 g Pistazienkerne
6 Eier, getrennt
225 g Zucker
185 g Joghurt
125 ml mild-aromatisches Pflanzenöl (ich nehme Raps- oder Olivenöl)
150 g Mehl
1 TL Backpulver
1 Prise Salz

Zum Servieren
Orangenblütensirup (siehe unten)
frische Feigen, halbiert
Joghurt

Den Ofen auf 180 °C vorheizen. Die Springform buttern, mit Mehl ausstreuen und den Boden mit Backpapier auslegen. Die Pistazien im Mixer fein mahlen. Die Eigelbe mit der Hälfte des Zuckers hellgelb und schaumig schlagen. Den Joghurt und das Öl unterrühren. Das Mehl, Backpulver und Salz in die Mischung sieben und mit den gemahlenen Pistazien unterziehen.

Die Eiweiße schlagen, bis sich weiche Spitzen bilden. Nach und nach den restlichen Zucker einstreuen und schlagen, bis sich feste Spitzen bilden. Zunächst die Hälfte des Eischnees vorsichtig unter den Teig heben, dann den Rest unterziehen. Den Teig in die vorbereitete Form füllen und im Ofen 30 Minuten backen. Den Kuchen locker mit Alufolie bedecken und weitere 15 Minuten backen, bis ein Spieß, den man in der Mitte einsticht, sauber wieder herauskommt. Vollständig erkalten lassen, dann aus der Form lösen und mit Orangenblütensirup überziehen. Mit frischen Feigen und Joghurt servieren.

Orangenblütensirup

225 g Zucker
125 ml frisch gepresster Orangensaft
1/2 TL Orangenblütenwasser

In einem Topf den Zucker in dem Orangensaft und 125 ml Wasser bei schwacher Hitze unter Rühren auflösen. Die Hitze erhöhen und 10–12 Minuten sirupartig einkochen lassen. Vom Herd nehmen und das Orangenblütenwasser unterrühren. Den noch warmen Sirup über dem Kuchen verteilen.

Römische Ferien Gebackene Oliven, Marinierter Parmesan, Teufelshähnchen, Kartoffeln mit Knoblauch und Spinat, Ricotta-Bällchen mit Zitronensauce

Gebackene Oliven

Für 4 Personen

2 EL Olivenöl
4 große Knoblauchzehen, ungeschält leicht zerdrückt
2 Stängel frischer Rosmarin
350 g kleine schwarze Oliven
4 Streifen Schale von 1 unbehandelten Zitrone

Den Ofen auf 200 °C vorheizen. Sämtliche Zutaten in einer kleinen ofenfesten Form vermengen und 15 Minuten im Ofen backen. Warm servieren.

Marinierter Parmesan

Für 4 Personen

250 g Parmesan
1 Knoblauchzehe, zerstoßen
2 EL fein gehackte Frühlingszwiebeln
1 TL getrocknete rote Chiliflocken
125 ml bestes Olivenöl
2 TL fein gehackter frischer Oregano
frisch gemahlener schwarzer Pfeffer

Zum Servieren
Knuspriges Brot

Den Parmesan in mundgerechte Stücke brechen und in einer Schüssel mit dem Knoblauch, den Frühlingszwiebeln, Chiliflocken und dem Olivenöl sorgfältig vermengen. Zugedeckt mindestens 2 Stunden marinieren. Vor dem Servieren den Oregano untermischen und mit schwarzem Pfeffer abschmecken. Mit warmem Brot servieren.

Teufelshähnchen

Für 4 Personen

4 Stubenküken (je 500 g), vom Rückgrat befreit und auseinandergeklappt
1 unbehandelte Zitrone, in dünne Scheiben geschnitten
185 ml bestes Olivenöl
Meersalz
frisch gemahlener schwarzer Pfeffer
3 EL Zitronensaft
2 große rote Chilischoten (oder nach Geschmack), von den Samen befreit, fein gehackt

Zum Servieren
Radicchioblätter

Die Stubenküken flach auf die Arbeitsfläche legen und mit den Händen oder einem Nudelholz fest nach unten drücken. Nebeneinander in eine große Form legen und mit den Zitronenscheiben bedecken. Mit 100 ml des Olivenöls übergießen und großzügig salzen und pfeffern. Zugedeckt 30–60 Minuten marinieren.

Eine große Pfanne oder einen Standgrill auf mittlerer Stufe heiß werden lassen. Die Stubenküken ein- bzw. auflegen (die Zitronenscheiben zurückbehalten) und mit dem Boden einer zweiten Pfanne flach drücken, damit sie schön knusprig werden. Von jeder Seite 8–10 Minuten garen oder bis beim Einstechen an der dicksten Stelle der Keule klarer Saft austritt. Die letzten 5 Minuten die Zitronenscheiben mitbraten, zwischendurch einmal wenden.

Den Zitronensaft mit dem Chili und restlichen Olivenöl verrühren und mit Salz und Pfeffer abschmecken. Auf einer Servierplatte ein Bett aus Radicchioblättern ausbreiten. Die Stubenküken in 2 Hälften zerteilen und darauf anrichten. Mit den Zitronenscheiben garnieren und mit dem Dressing überziehen. Dazu Kartoffeln mit Knoblauch und Spinat servieren.

Kartoffeln mit Knoblauch und Spinat

Für 4 Personen

800 g neue Kartoffeln
4 Knoblauchzehen, geschält
2 TL Meersalz
280 g Spinat, zerzupft
80 g Sahne
2 1/2 EL bestes Olivenöl
frisch gemahlener schwarzer Pfeffer

Die Kartoffeln und den Knoblauch in einem großen Topf mit Wasser bedecken und 1 Teelöffel Meersalz zugeben. Zum Kochen bringen und 20 Minuten garen oder bis die Kartoffeln gerade weich sind. Zur Garprobe mit einem Spieß einstechen. Den Spinat zugeben und 1 Minuten kochen. Das Wasser abgießen, den Topf wieder auf den Herd stellen und die Kartoffeln mit einem Kartoffelstampfer leicht zerdrücken.

In einem kleinen Topf die Sahne und das Olivenöl bei mittlerer Temperatur 1 Minute erhitzen. Mit dem Pfeffer und dem restlichen Salz zu den Kartoffeln geben und alles vorsichtig vermengen. Servieren.

Zu diesen Ricottabällchen hat mich Marcella Hazan inspiriert. Sie sind ein bisschen zu knifflig, um erst nach dem Essen damit zu beginnen. Daher bereite ich den Teig schon vorher zu, backe ihn nach dem Essen aus und achte darauf, dass ich in der Zwischenzeit nicht zu viel Wein trinke.

Frittierte Ricotta-Bällchen mit Zitronensauce

Für 4 Personen

250 g frischer Ricotta
2 Eier, getrennt
65 g Mehl
abgeriebene Schale von 1 unbehandelten Zitrone
1 Prise Meersalz
40 g Sultaninen
Mild-aromatisches Öl (ich nehme Rapsöl)

Zum Servieren
Zitronensauce (siehe unten)

Den Ricotta mit den Eigelben, dem Mehl, der Zitronenschale, dem Salz und den Sultaninen verrühren. Die Eiweiße steif schlagen und unter die Mischung ziehen.

Das Öl in einem Topf bei mittlerer Hitze heiß werden lassen. Esslöffelgroße Klößchen von der Masse abstechen, in das heiße Öl gleiten lassen und in 2–3 Minuten goldbraun frittieren. Nicht zu viele Bällchen auf einmal in das Öl geben. Mit einem Schaumlöffel herausheben und auf Küchenpapier abtropfen lassen, während Sie die restlichen Bällchen ausbacken. Mit Zitronensauce beträufeln und sofort servieren.

Zitronensauce

Für 4 Personen

225 g Zucker
125 ml Zitronensaft
1 1/2 EL abgeriebene Schale von 1 unbehandelten Zitrone

Den Zucker mit 125 ml Wasser in einem hohen Topf ohne zu rühren bei starker Hitze zum Kochen bringen. Am Rand des Topfes ständig mit einem nassen Pinsel entlangstreichen, damit der Zucker nicht kristallisiert. Sobald der Karamell von leuchtend goldbrauner Farbe ist, den Topf vom Herd nehmen und den Zitronensaft und die Zitronenschale unterrühren. Der Karamell kann dabei spritzen, also Abstand halten! Vorsichtig weiter rühren, bis die Sauce glatt ist.

Ich esse nicht viel Frittiertes, aber bei diesen leckeren Bällchen mache ich gern eine Ausnahme.

Retro-Dinnerparty Garnelencocktail mit Avocado und Grapefruit, Roastbeef im Schinkenmantel, Kartoffelgratin, Erdbeeren mit Schlagsahne, Schokoladentrüffel

Am leichtesten lässt sich eine Avocado schneiden, indem man sie zuerst halbiert und den Kern entfernt. Dann das Fruchtfleisch in dünne Spalten schneiden und mit etwas Zitronensaft beträufeln, damit es sich nicht verfärbt. Zum Schluss mit einem scharfen Messer das Fruchtfleisch von der Schale lösen.

Garnelencocktail mit Avocado und Grapefruit

Für 4 Personen

1 Kopfsalat
1 große, reife Avocado, in dünne Spalten geschnitten
1 rosa Grapefruit, filetiert, plus 1 Esslöffel des Saftes für das Dressing
16 gegarte Garnelen, bis auf die »Schwanzfächer« geschält und von Därmen befreit.

Zum Servieren
Cocktailsauce (siehe unten)

Mit den Salatblättern 4 Schalen auslegen. Die Avocado, Grapefruit und die Garnelen dekorativ darauf anrichten. Mit der Cocktailsauce überziehen und servieren.

Cocktailsauce

1 ganz frisches Eigelb
1 EL Dijonsenf
1 Prise Cayennepfeffer oder 1 Spritzer Tabasco
3 EL mild-aromatisches Pflanzenöl (ich nehme gern Traubenkernöl)
2 EL Ketchup
2 TL Worcestershiresauce
1 TL Cognac oder Weinbrand
1 EL Grapefruitsaft
Meersalz
frisch gemahlener schwarzer Pfeffer

Das Eigelb, den Senf und den Cayennepfeffer oder Tabasco in einer Schüssel verrühren. In einem steten, dünnen Strahl das Öl zugießen, dabei ständig weiterrühren, bis sich eine dicke Emulsion gebildet hat. Den Ketchup, die Worcestershiresauce, den Cognac oder Weinbrand und den Grapefruitsaft unterrühren und mit Salz und Pfeffer abschmecken.

Frische Erbsen lassen sich mit einer weißen Zwiebel und frischer Minze ein wenig aufpeppen: Die gehackte Zwiebel in Olivenöl 5 Minuten glasig schwitzen, 4 Esslöffel Hühnerbrühe zugießen und zum Kochen bringen. Dann 400 g frische oder tiefgefrorene Erbsen zugeben und zugedeckt 3–5 Minuten garen. Mit einem Stückchen Butter und grob gehackten Minzeblättern garnieren und servieren.

Roastbeef im Schinkenmantel

Für 4 Personen

1 kg Rinderfilet, von Fett und Sehnen befreit
Meersalz
frisch gemahlener schwarzer Pfeffer
2 EL Olivenöl
9–12 lange Scheiben roher Schinken
1 EL Dijonsenf

Zum Servieren
Dijonsenf
Erbsen mit Zwiebeln und Minze (siehe links)

Den Ofen auf 180 °C vorheizen. Das Rinderfilet mit Salz und Pfeffer würzen und rundherum mit dem Olivenöl einreiben. Eine große Pfanne bei starker Hitze sehr heiß werden lassen. Das Filet darin von allen Seiten scharf anbraten, bis es rundherum schön gebräunt ist; etwas abkühlen lassen. Die Schinkenscheiben auf einem Bogen Backpapier leicht überlappend nebeneinander legen und mit dem Senf bestreichen. Das Filet darauf platzieren und mit dem Schinken vollständig umwickeln. Mit Küchengarn verschnüren.

Das Rinderfilet im Ofen 25 Minuten braten (blutig bis rosa). Aus dem Ofen nehmen und mit Alufolie bedeckt an einem warmen Ort 5–10 Minuten ruhen lassen. Das Roastbeef in Scheiben schneiden, mit dem Bratenfond überziehen und mit Senf und Erbsen servieren.

Kartoffelgratin

Für 4 Personen

1 Knoblauchzehe, geschält und halbiert
Butter zum Einfetten der Form
1 kg vorwiegend fest kochende Kartoffeln
375 ml Milch
125 g Sahne oder Crème fraîche
100 g Greyerzer, gerieben
Meersalz
frisch gemahlener schwarzer Pfeffer

Den Ofen auf 180 °C vorheizen. Eine Auflaufform à 1,5 Liter innen mit dem Knoblauch einreiben und ausbuttern. Die Kartoffeln schälen und in hauchdünne Scheiben schneiden (nehmen Sie einen Gemüsehobel, wenn Sie haben). Die Kartoffelscheiben mit der Milch, Sahne oder Crème fraîche und der Hälfte des Käses in eine Schüssel geben. Mit Salz und Pfeffer würzen und gründlich vermengen. In die vorbereitete Form füllen, mit dem restlichen Käse bestreuen und 1 Stunde und 15 Minuten im Ofen goldbraun backen.

Erdbeeren mit Schlagsahne

Für 4 Personen

250 g Sahne
1 EL Zucker
2 TL Bourbon-Vanillezucker
500 g schöne Erdbeeren, von den Kelchen befreit, große Exemplare halbiert

Zum Servieren
Puderzucker zum Bestauben

Die Sahne mit dem Zucker und Vanillezucker steif schlagen, bis sich weiche Spitzen bilden. Nicht zu lange schlagen, da sie sonst zu Butter wird.

Die Erdbeeren in Dessertschalen anrichten, mit etwas Puderzucker bestauben und mit einem Klecks Schlagsahne garnieren.

Schokoladentrüffel

Für 18 Stück

200 g Bitterschokolade (mindestens 70 % Kakaoanteil), fein gehackt
125 g Sahne
Puderzucker zum Bestauben
Kakaopulver, gesiebt, zum Wälzen

Ein Backblech mit Backpapier oder Frischhaltefolie auslegen. Die Schokolade in eine große hitzebeständige Schüssel geben. Die Sahne in einem kleinen Topf bis zum Siedepunkt erhitzen und rasch über die Schokolade gießen. Gründlich rühren, bis sich die Schokolade vollständig aufgelöst hat und die Mischung glatt ist. Abkühlen lassen und anschließend etwa 30 Minuten in den Kühlschrank stellen.

Wenn die Masse fest geworden ist, die Hände mit etwas Puderzucker bestauben, damit die Schokolade nicht klebt, und die Masse zu kleinen Kugeln rollen. Die Trüffeln sofort in dem Kakaopulver wälzen, auf das vorbereitete Blech legen und 30 Minuten im Kühlschrank fest werden lassen.

Ich nehme für meine Trüffeln immer nur das beste Kakaopulver, das ich finden kann. Man kann den Unterschied deutlich schmecken.

Nur keine Scheu vor den alten Klassikern – sie sind es nicht ohne Grund.

Sardellen-Zwiebel-Toasts

Katalanisches Festessen Sardellen-Zwiebel-Toasts, Blutorangensalat mit Fenchel, Lammkeule mit Romescosauce, Jungfräuliche Paella, Crema Catalana

Sardellen-Zwiebel-Toasts

Für 18 Stück

1 kleines Sauerteigbaguette, in 18 Scheiben geschnitten
Olivenöl zum Bestreichen
1 kleine Handvoll gehackte frische glatte Petersilie
2 1/2 EL gehackte rote Zwiebel
1 EL abgeriebene Schale von 1 unbehandelten Zitrone
18 Sardellenfilets

Den Ofen auf 200 °C vorheizen. Die Baguettescheiben auf ein Backblech legen und von beiden Seiten leicht mit Öl bestreichen. Im Ofen 5–7 Minuten rösten, bis sie goldbraun und knusprig sind. Die Petersilie, Zwiebelwürfel, Zitronenschale und die Sardellenfilets vermengen und gleichmäßig auf den Toasts verteilen.

Blutorangensalat mit Fenchel

Für 6 Personen

6 Blutorangen, geschält (auch den weißen Bast) und in Scheiben geschnitten
2 junge Fenchelknollen, in feine Streifen geschnitten
90 g kleine schwarze Oliven
4 Radieschen, in dünne Scheiben geschnitten
1 große Handvoll Rucola
3 EL bestes Olivenöl
2 EL Rotweinessig
Meersalz
frisch gemahlener schwarzer Pfeffer

Die Blutorangenscheiben und den Fenchel auf Tellern anrichten und mit den Oliven, Radieschen und dem Rucola garnieren. Das Olivenöl und den Essig über den Salat träufeln und mit Salz und Pfeffer würzen.

Lammkeule mit Romescosauce

Für 6 Personen

1,8 kg entbeinte Lammkeule, in 2 Teile geschnitten
3 EL Olivenöl
Meersalz
frisch gemahlener schwarzer Pfeffer

Zum Servieren
Romescosauce (siehe unten)
Zitronenspalten
1 kleine Handvoll frische glatte Petersilie

Den Ofen auf 180 °C vorheizen. Eine ofenfeste Pfanne bei starker Hitze heiß werden lassen. Die Lammkeule mit dem Öl einreiben und kräftig würzen. Mit der Außenseite in die Pfanne legen und 5 Minuten anbraten. Wenden und von der anderen Seite 2 Minuten anbraten. Die Pfanne in den Ofen schieben und das Fleisch noch 15 Minuten garen; herausnehmen, locker mit Alufolie bedecken und 10 Minuten ruhen lassen. Das Fleisch in dicke Scheiben schneiden und mit Romescosauce, Zitronenspalten und Petersilie garniert servieren.

Jungfräuliche Paella

Romescosauce

4 rote Paprika, von Haut und Samen befreit
4 EL blanchierte Mandeln, geröstet
1 EL Rotweinessig
2 EL bestes Olivenöl
Meersalz
frisch gemahlener schwarzer Pfeffer

Sämtliche Zutaten im Mixer zu einer homogenen, aber noch leicht körnigen Sauce zermahlen.

Jungfräuliche Paella

Für 6 Personen

1 EL Olivenöl
1 weiße Zwiebel, gehackt
425 g Mittelkornreis
125 ml Weißwein
1,25 l Hühnerbrühe (siehe Seite 104)
6 Safranfäden
Meersalz

In einer großen Pfanne mit schwerem Boden oder einer Paellapfanne das Öl bei schwacher bis mittlerer Hitze heiß werden lassen und die Zwiebel darin 5 Minuten glasig schwitzen. Den Reis zugeben und 1 Minute unter Rühren mitschwitzen, bis die Körner glänzen. Mit dem Wein ablöschen und 1 Minute garen. Die Brühe und den Safran hinzufügen und 15 Minuten unter gelegentlichem Rühren kochen oder bis der Reis gar ist. Mit Salz abschmecken und servieren.

Zu diesem Essen schmeckt ein eisgekühlter Rosé besonders gut.

Crema Catalana

Für 6 Soufflèförmchen à 125 ml

625 g Sahne
170 ml Milch
3 TL Bourbon-Vanillezucker
2 Zimtstangen
abgeriebene Schale von 1 unbehandelten Orange
abgeriebene Schale von 1 unbehandelten Zitrone
6 Eigelb
3 EL Zucker
2 1/2 EL brauner Zucker zum Karamellisieren

Den Ofen auf 140 °C vorheizen. Die Sahne, Milch, den Vanillezucker, Zimt sowie die Orangen- und Zitronenschale in einem Topf bei mittlerer Temperatur bis knapp unter den Siedepunkt erhitzen. Vom Herd nehmen.

Die Eigelbe mit dem Zucker in einer großen Schüssel verschlagen. Die Sahnemischung durch ein Sieb langsam unter ständigem Schlagen in die Eigelb-Zucker-Masse gießen. Etwaigen Schaum von der Oberfläche abschöpfen.

Die 6 Soufflèförmchen in eine große Bratenpfanne setzen und die Creme einfüllen. Bis zur halben Höhe der Formen heißes Wasser in die Pfanne gießen und diese mit Alufolie bedecken. Im Ofen 30–35 Minuten garen, bis die Creme gerade so gestockt ist. Die Förmchen aus der Pfanne nehmen, abkühlen lassen und anschließend 2 Stunden im Kühlschrank kalt stellen.

Den Backofengrill auf höchster Stufe vorheizen. Die Förmchen auf ein Backblech stellen und die gekühlten Cremes mit dem braunen Zucker bestreuen. Einige Minuten unter den heißen Grill schieben, bis der Zucker dunkelbraun und karamellisiert ist (wenn Sie über einen Gasbrenner verfügen – dies ist der Moment, ihn einzusetzen). Die Cremes vor dem Servieren einige Minuten stehen lassen, bis der Karamell abgekühlt und hart ist.

Griechisches Abendessen Zitronenhähnchen mit Honig, Bauernsalat mit Schafskäse, Vanillereispudding, Rhabarberkompott

Zitronenhähnchen mit Honig

Für 4 Personen

1 EL Olivenöl
1 Hähnchen (von 1,6 kg), in 8 Teile zerteilt
1 rote Zwiebel, in Streifen geschnitten
12 Knoblauchzehen, geschält
1 unbehandelte Zitrone, grob in Stücke geschnitten
185 ml Hühnerbrühe (siehe Seite 104)
125 g Honig
1 kleine Handvoll frische Oreganoblätter

Eine große Pfanne bei starker Hitze heiß werden lassen, das Öl zugeben und die Hähnchenteile darin 5 Minuten rundherum goldbraun anbraten. Aus der Pfanne nehmen und beiseite stellen. Die Hitze etwas reduzieren und die Zwiebel in demselben Öl 1 Minute anbraten; dann die Knoblauchzehen zugeben und ebenfalls 1 Minute Farbe nehmen lassen.

Die Hähnchenteile mit den Zitronenstücken zurück in die Pfanne legen, die Hühnerbrühe und den Honig zugeben und alles zugedeckt bei schwacher Hitze 20 Minuten köcheln lassen, bis das Fleisch durchgegart ist. Die Hähnchenstücke herausnehmen und auf ein Backblech legen. Die Sauce offen bei starker Hitze 15 Minuten einkochen lassen, bis sie leicht sämig ist. Das Hähnchen einige Minuten unter den heißen Grill schieben, bis die Haut knusprig ist. Auf einer Platte anrichten, mit der Sauce überziehen und mit dem Oregano garniert servieren.

Bauernsalat mit Schafskäse

Für 4 Personen

400 g Kichererbsen aus der Dose, abgespült und abgetropft
150 g Schafskäse, zerbröckelt
1 kleine Handvoll frische glatte Petersilie
2 Minigurken, grob gewürfelt
1 grüne Paprikaschote, von den Samen befreit, grob gewürfelt
50 g schwarze Oliven, entsteint und halbiert

Für das Dressing
3 EL Olivenöl
1 EL Zitronensaft
Meersalz
frisch gemahlener schwarzer Pfeffer

Die Kichererbsen, den Schafskäse, die Petersilie, Gurken, Paprika und Oliven vorsichtig vermengen. Das Olivenöl und den Zitronensaft verrühren und mit Salz und Pfeffer abschmecken. Das Dressing über den Salat gießen und kurz unterheben.

Vanillereispudding

Für 4 Personen

1 l Milch
75 g Zucker
2 Streifen Schale von 1 unbehandelten Orange
1 Vanilleschote, Mark herausgekratzt (oder 2 TL Bourbon-Vanillezucker)
180 g Arborio-Reis
3 Eigelb

Zum Servieren
Rhabarberkompott (siehe unten)
Sahne (nach Belieben)

Die Milch, den Zucker, die Orangenschale und die Vanilleschote mit dem Mark oder den Vanillezucker in einem Topf bei mittlerer Hitze zum Kochen bringen. Den Reis einstreuen, gelegentlich umrühren, damit er nicht ansetzt und 30 Minuten garen oder bis er weich ist. Vom Herd nehmen, nacheinander die Eigelbe zugeben und jeweils einzeln vollständig unterrühren. Den Reis 5 Minuten ruhen lassen. Die Orangenschale und die Vanilleschote entfernen. Den Reispudding in Schalen anrichten, mit dem Rhabarberkompott garnieren und nach Belieben mit Sahne servieren.

Rhabarberkompott

Für 4 Personen

500 g Rhabarber
120 g Zucker

Den Ofen auf 180 °C vorheizen. Die Rhabarberstangen von den Enden und Blättern befreien und waschen. In kurze Stücke schneiden und gründlich mit dem Zucker vermischen. Den Rhabarber mit dem Zucker in eine ofenfeste Form (aus nicht oxidierendem Material) geben. Darauf achten, dass der Rhabarber überall gut mit Zucker bedeckt ist. Mit Alufolie sorgfältig zudecken und im Ofen 35–45 Minuten backen oder bis der Rhabarber weich ist.

Den Rhabarber in dem Sirup, der sich gebildet hat, abkühlen lassen; dabei immer wieder mit dem Sirup überziehen (so bekommt der Rhabarber eine gleichmäßige, leuchtende Farbe).

Bistro-Lunch Hähnchenschnitzel mit Kräuterkruste, Fenchelsalat, Apfelkuchen mit Pistazien

Diese Schnitzel schmecken hervorragend mit Kartoffelpüree. Dazu 800 g mehlig kochende Kartoffeln schälen und weich kochen. Das Wasser abgießen und die Kartoffeln im Topf zerstampfen. In einer Pfanne 185 ml Milch oder Sahne, 80 g Butter und 1 Prise Salz erhitzen. Die Mischung über die Kartoffeln gießen und mit einem Holzlöffel schlagen, bis das Püree glatt ist.

Hähnchenschnitzel mit Kräuterkruste

Für 4 Personen

4 Hähnchenbrustfilets ohne Haut
60 g Mehl
frisch gemahlener schwarzer Pfeffer
Meersalz
1 Ei
2 EL Milch
160 g frische Semmelbrösel
3 EL gehackte frische glatte Petersilie
3 EL gehackter frischer Kerbel
3 EL gehackter frischer Oregano
1 EL Butter
125 ml Olivenöl

Zum Servieren
Kartoffelpüree (siehe rechts)

Die Hähnchenbrustfilets zwischen zwei Lagen Frischhaltefolie legen und mit einem Fleischklopfer etwas flach klopfen (oder mit einem Nudelholz flach rollen), anschließend in 2 Hälften schneiden. Das Mehl in einer flachen Schale mit Pfeffer und 1 Teelöffel Salz würzen. In einer zweiten Schüssel das Ei mit der Milch leicht verquirlen, in einer dritten die Semmelbrösel mit den Kräutern vermengen und mit Salz und Pfeffer würzen. Die Brustfilets zunächst in dem Mehl wenden, dann durch das verquirlte Ei ziehen und zuletzt mit den Semmelbröseln und Kräutern panieren.

Die Butter und das Olivenöl in einer großen, beschichteten Pfanne bei mittlerer Hitze heiß werden lassen. Die Schnitzel darin von jeder Seite 3 Minuten braten, bis sie goldbraun und durchgegart sind (das Fleisch nicht zu eng einlegen; nötigenfalls in mehreren Durchgängen braten). Auf Küchenpapier abtropfen lassen und warm stellen, bis sämtliches Fleisch gebraten ist.

Fenchelsalat

Für 4 Personen

3 Fenchelknollen, in feine Streifen geschnitten
2 EL kleine, in Salz eingelegte Kapern, abgespült
1 kleine rote Zwiebel, in feine Streifen geschnitten
1 1/2 EL gehackte frische glatte Petersilie
3 EL gute Mayonnaise
1 1/2 EL Zitronensaft
Meersalz
frisch gemahlener schwarzer Pfeffer

Den Fenchel, die Kapern, die Zwiebel und die Petersilie in einer Schüssel vermengen. Die Mayonnaise mit dem Zitronensaft verrühren und unter den Salat ziehen. Mit Salz und schwarzem Pfeffer abschmecken und servieren.

Ich verwende am liebsten Honig von ligurischen Bienen von Kangaroo Island in Süd-Australien. Ersatzweise können Sie auch Lavendelhonig oder jeden anderen flüssigen Honig Ihrer Wahl nehmen.

Apfelkuchen mit Pistazien

Für 6 Personen

375 g Blätterteig
1 Eigelb, verquirlt
Mandel-Pistaziencreme (Frangipane; siehe unten)
2 grüne Äpfel, geschält, geviertelt, von den Kerngehäusen befreit und in dünne Scheiben geschnitten
zerlassene Butter zum Bestreichen
1 EL flüssiger Honig

Zum Servieren
flüssiger Honig
gehackte ungesalzene Pistazienkerne
Vanilleeis

Den Ofen auf 220 °C vorheizen. Den Blätterteig 3 mm dünn ausrollen und zu einem 22 x 30 cm großen Rechteck zurechtschneiden. Den Teig auf ein mit Backpapier ausgekleidetes Blech legen und mit der Spitze eines scharfen Messers rundherum einen 1 cm breiten Rand einritzen (aber nicht durchschneiden!). Den Teig mit einer Gabel mehrfach einstechen und mit dem Eigelb bestreichen.

Die Mandel-Pistaziencreme innerhalb des markierten Randes gleichmäßig verstreichen. Fächerartig mit den Apfelscheiben belegen und diese mit etwas zerlassener Butter bestreichen. Im Ofen 15 Minuten backen. Die Ofentemperatur auf 200 °C reduzieren, die Äpfel mit dem Honig beträufeln und weitere 15 Minuten backen, bis der Teig goldbraun ist. Zum Servieren mit Honig beträufeln, mit den gehackten Pistazien bestreuen und Vanilleeis dazu reichen.

Mandel-Pistaziencreme (Frangipane)

3 EL ungesalzene Pistazienkerne
3 EL gemahlene Mandeln
40 g weiche Butter
3 EL Zucker
1 Eigelb
1/2 TL Bourbon-Vanillezucker

Die Pistazien mit einem Nudelholz zermahlen und anschließend gründlich mit den anderen Zutaten vermengen.

Register

A
Antipasti 68
Apfel-Passionsfrucht-Crumble 48
Apfelkuchen mit Pistazien 218
Aprikosenkuchen 140
Auberginen
Penne mit Auberginen und Chili 22
Avocado
Garnelencocktail mit Avocado und Grapefruit 201
Guacamole mit gerösteten Tortilla-Chips 147
Äpfel
Apfel-Passionsfrucht-Crumble 48
Apfelkuchen mit Pistazien 218

B
Bauernsalat mit Schafskäse 213
Beeren
Erdbeeren mit Schlagsahne 205
Früchte-Muffins 75
Schmetterlingsküchlein mit Beeren 93
Bistecca alla Pizzaiola 44
Bistro-Lunch 217
Blutorangensalat mit Fenchel 206
Bohnen
Gebratener Lachs mit Sardellen-Vinaigrette, Fenchel und grünen Bohnen 103
Grüne Bohnen mit Brunnenkresse 190
Grüne Bohnen mit Tomaten und Chili 17
Grüne-Bohnen-Salat 159
Reis mit Dicken Bohnen 47
Rotes Fischcurry mit Süßkartoffeln 40
Bombay-Kartoffelsalat 178
Brathähnchen 152
Brokkoli, Pfannengerührter Fisch mit Ingwer und 112
Brunnenkresse
Brunnenkressesalat mit Grapefruit 18
Grüne Bohnen mit Brunnenkresse 190
Brunnenkressesalat mit Grapefruit 18
Bulgur, Taboule 64
Buttermilchcreme mit Himbeeren in Rosenwasser 186
Butternuss-Kürbis, Würzige Kürbissuppe 27

C
Champignons
Pitta-Pizza 94
Rindfleisch Stroganoff mit Butternudeln 31
Chilischoten
Gebratene Hähnchenkeulen und Schwarzkohl mit Knoblauch und Chili 36
Grüne Bohnen mit Tomaten und Chili 17
Lachsforelle mit rotem Chili und Tomaten 111
Penne mit Auberginen und Chili 22
Röstkartoffeln mit Chili 32
Scharfer Krautsalat 159
Teufelshähnchen 197
Wan tan mit Garnelenfüllung und süßem Chili-Dip 172
Chinesisches Bankett 172
Chutney
Mango-Chutney 156
Minz-Chutney 181
Cocktails
Rum-Cooler mit Himbeeren 171
Tequila Mojito 147
Cocktailsauce 201
Crema Catalana 210
Curry
Hähnchencurry mit Reis 21
Rotes Fischcurry mit Süßkartoffeln 40

D
Desserts
Apfel-Passionsfrucht-Crumble 48
Buttermilchcreme mit Himbeeren in Rosenwasser 186
Crema Catalana 210
Erdbeeren mit Schlagsahne 205
Feigen mit Himbeeren und frischem Ricotta 164
Frittierte Ricotta-Bällchen mit Zitronensauce 198
Kirsch-Clafoutis 155
Mandelbrot 164
Passionsfrucht-Trifle 160
Rhabarberkompott 214
Schokoladentrüffel 205
Sorbet mit Wodka 171
Vanilleeis mit Karamellsauce und Pekanüssen 50
Vanillereispudding 214
Dhal, Mein Dhal 58
Dressing
Kokos-Limettendressing 167
Limettendressing 21, 108
Sardellen-Vinaigrette 103

E
Einfacher Hummus 67
Einfacher Tomatensalat 178
Erbsen
Erbsen mit Zwiebeln und Minze 202
Erbsensuppe 24
Reis mit Dicken Bohnen 47
Schmetterlingsnudeln mit jungen Erbsen und Schinken 82
Erdbeeren mit Schlagsahne 205

F
Feigen mit Himbeeren und frischem Ricotta 164
Fenchel
Blutorangensalat mit Fenchel 206
Fenchelsalat 217
Gebratener Lachs mit Sardellen-Vinaigrette, Fenchel und grünen Bohnen 103
Festlicher Umtrunk 167
Fisch
Fischküchlein 18
Fischstäbchen mit Parmesankruste 85
Gebratener Lachs mit Sardellen-Vinaigrette, Fenchel und grünen Bohnen 103
Gebratener Thunfisch mit Tomaten-Olivensalat 107
Gedämpfter Snapper mit Limetten-dressing 108
Glasierter Lachs mit braunem Reis 121
Lachsforelle mit rotem Chili und Tomaten 111
Linguine mit Thunfisch, Kapern und Oliven 118
Pfannengerührter Fisch mit Ingwer und Brokkoli 112
Rotes Fischcurry mit Süßkartoffeln 40
Thunfischspieße 181
Fleischbällchen mit Tomatensauce 32
Friands 133
Frisches Mango-Chutney 156
Frittierte Ricotta-Bällchen mit Zitronen-sauce 198
Früchte-Muffins 75
Frühlingszwiebeln
Bombay-Kartoffelsalat 178
Pfannengerührter Fisch mit Ingwer und Brokkoli 112
Reissalat mit frischer Minze 176
Taboule 64

G
Garnelen
Garnelencocktail mit Avocado und Grapefruit 201
Marinierte Riesengarnelen 148
Reisnudeln mit Garnelen und Limetten 14
Wan tan mit Garnelenfüllung und süßem Chili-Dip 172
Gebackene Oliven 194
Gebratene Hähnchenkeulen und Schwarz-kohl mit Knoblauch und Chili 36

Gebratener Lachs mit Sardellen-Vinaigrette, Fenchel und grünen Bohnen 103
Gebratener Thunfisch mit Tomaten-Olivensalat 107
Geburtstagsessen 182
Gedämpfter Snapper mit Limettendressing 108
Geröstete Mandeln mit Thymian 151
Geröstete Parmesan-Kartoffeln 36
Gestürzter Pflaumenkuchen 62
Giovannis Würste mit Kartoffeln und Rosmarin 71
Glasierter Lachs mit braunem Reis 121
Glasierter Schinken 156
Gnocchi mit Tomatensauce 151
Grapefruit
Brunnenkressesalat mit Grapefruit 18
Garnelencocktail mit Avocado und Grapefruit 201
Griechisches Abendessen 213
Grüne Bohnen mit Brunnenkresse 190
Grüne Bohnen mit Tomaten und Chili 17
Grüne-Bohnen-Salat 159
Grüner Salat mit Schalotten-Vinaigrette 152
Grüner Spargel mit Parmesan 163
Guacamole mit gerösteten Tortilla-Chips 147
Gurke
Bauernsalat mit Schafskäse 213
Gurkensalat mit Minze und Limettendressing 21
Gurkensandwiches mit Schnittlauch 127
Krabben-Gurken-Salat 167
Salatherzen mit Gurke und Minze 185
Taboule 64
Tomaten-Gurken-Salat mit Rucola 114

H
Hähnchen mit Senfkruste 163
Hähnchen-Nudelsalat mit Sellerie und Sesam 114
Hähnchen-Sandwiches 127
Hähnchen-Tagine 190
Hähnchencurry mit Reis 21
Hähnchenschnitzel mit Kräuterkruste 217
Himbeeren
Buttermilchcreme mit Himbeeren in Rosenwasser 186
Feigen mit Himbeeren und frischem Ricotta 164
Rum-Cooler mit Himbeeren 171
Huhn
Brathähnchen 152
Gebratene Hähnchenkeulen und Schwarzkohl mit Knoblauch und Chili 36
Hähnchen mit Senfkruste 163
Hähnchen-Nudelsalat mit Sellerie und Sesam 114
Hähnchen-Sandwiches 127
Hähnchen-Tagine 190
Hähnchencurry mit Reis 21
Hähnchenschnitzel mit Kräuterkruste 217
Hühnerbrühe 104
Hühnersuppe mit Nudeln 104
Paprikahähnchen mit Chorizo 47
Rigatoni mit Hähnchenbolognese 81
Teufelshähnchen 197
Zitronenhähnchen mit Honig 213
Hühnerbrühe 104
Hühnersuppe mit Nudeln 104
Hummus 67

I, J
Ingwer, Pfannengerührter Fisch mit Ingwer und Brokkoli 112
Jakobsmuscheln mit Knoblauchbutter 167
Jungfräuliche Paella 209

K
Kapern-Mayonnaise 85
Karamellküchlein 130
Kartoffeln
Bombay-Kartoffelsalat 178
Geröstete Parmesan-Kartoffeln 36
Giovannis Würste mit Kartoffeln und Rosmarin 71
Kartoffelgratin 202
Kartoffeln mit Knoblauch und Spinat 197
Kartoffeln mit Tomaten, Schafskäse und Petersilie 185
Kartoffelpüree 217
Kartoffelsalat mit Dill 159
Ofengebackene Kartoffelsticks 85
Rotes Fischcurry mit Süßkartoffeln 40
Röstkartoffeln 44
Röstkartoffeln mit Chili 32
Katalanisches Festessen 206
Kebab-Party 178
Kichererbsen
Bauernsalat mit Schafskäse 213
Einfacher Hummus 67
Mangoldröllchen 67
Kirsch-Clafoutis 155
Kleine Feier im Stehen 167
Knoblauch
Gebackene Oliven 194
Gebratene Hähnchenkeulen und Schwarzkohl mit Knoblauch und Chili 36
Kartoffeln mit Knoblauch und Spinat 197
Marinierte Riesengarnelen 148
Zitronenhähnchen mit Honig 213
Kokosmakronen 139
Konfitüren-Knöpfchen 90
Krabben-Gurken-Salat 167
Kuchen
Apfelkuchen mit Pistazien 218
Aprikosenkuchen 140
Friands 133
Früchte-Muffins 75
Gestürzter Pflaumenkuchen 62
Karamellküchlein 130
Mum's Limetten-Käsekuchen 136
Pfirsich-Joghurt-Kuchen mit Mandeln 129
Pistazienkuchen mit Orangenblütensirup 193
Schmetterlingsküchlein mit Beeren 93
Schokoladenkuchen mit echter Schokoladenglasur 96
Kürbis, Würzige Kürbissuppe 27

L
Lachs
Gebratener Lachs mit Sardellen-Vinaigrette, Fenchel und grünen Bohnen 103
Glasierter Lachs mit braunem Reis 121
Lachsforelle mit rotem Chili und Tomaten 111
Pumpernickel mit »falschem« Graved Lachs 168
Lamm-Köfte 178
Lamm
Lamm-Köfte 178
Lammfleisch mit Oliven-Walnuss-Relish 182
Lammkeule mit Romescosauce 209
Lasagne, Schinkenlasagne 39
Limetten
Gedämpfter Snapper mit Limettendressing 108
Gurkensalat mit Minze und Limettendressing 21
Mum's Limetten-Käsekuchen 136
Reisnudeln mit Garnelen und Limetten 14
Tequila Mojito 147
Tomatensalat mit Limette 57
Linguine mit Thunfisch, Kapern und Oliven 118
Linsen, Mein Dhal 58

M
Mais, Reissalat mit Mais 148
Mandeln
Geröstete Mandeln mit Thymian 151
Mandel-Pistaziencreme 218
Mandelbrot 164
Mandelplätzchen 139

Mango, Frisches Mango-Chutney 156
Mangoldröllchen 67
Marinierte Riesengarnelen 148
Marinierter Parmesan 194
Marokkanische Nacht 189
Mediterranes Abendessen 151
Mein Dhal 58
Mezze-Picknick 64
Minutensteaks mit Zitrone 17
Minze
Erbsen mit Zwiebeln und Minze 202
Gurkensalat mit Minze und Limetten-dressing 21
Minz-Chutney 181
Möhrensalat mit Schafskäse und Minze 117
Reissalat mit frischer Minze 176
Salatherzen mit Gurke und Minze 185
Möhrensalat mit Schafskäse und Minze 117
Muffins
Früchte-Muffins 75
Schmetterlingsküchlein mit Beeren 93
Mum's Limetten-Käsekuchen 136

N
Nudeln
Hähnchen-Nudelsalat mit Sellerie und Sesam 114
Hühnersuppe mit Nudeln 104
Krabben-Gurken-Salat 167
Linguine mit Thunfisch, Kapern und Oliven 118
Penne mit Auberginen und Chili 22
Reisnudeln mit Garnelen und Limetten 14
Rigatoni Puttanesca mit frischen Oliven 43
Rigatoni mit Hähnchenbolognese 81
Rindfleisch Stroganoff mit Butternudeln 31
Rindfleisch und Zuckerschoten aus dem Wok mit Eiernudeln 89
Schinkenlasagne 39
Schmetterlingsnudeln mit jungen Erbsen und Schinken 82
Spaghetti mit Kirschtomaten, Ricotta, Spinat und Pecorino 13
Vollkornnudeln mit Würstchen 28
»Zu-müde-zum-Kochen«-Nudeln 82

O
Ofengebackene Kartoffelsticks 85
Oliven-Walnuss-Relish 182
Oliven
Blutorangensalat mit Fenchel 206
Gebackene Oliven 194
Gebratener Thunfisch mit Tomaten-Olivensalat 107
Hähnchen-Tagine 190
Linguine mit Thunfisch, Kapern und Oliven 118
Oliven-Walnuss-Relish 182
Rigatoni Puttanesca mit frischen Oliven 43

P
Paella, Jungfräuliche Paella 209
Pak choi
Glasierter Lachs mit braunem Reis 121
Zuckerschotensalat mit Pak choi und Sesam 176
Paprika
Paprikahähnchen mit Chorizo 47
Roter Paprikasalat 189
Vollkornnudeln mit Würstchen 28
Parmesan
Fischstäbchen mit Parmesankruste 85
Geröstete Parmesan-Kartoffeln 36
Marinierter Parmesan 194
Röstkartoffeln 44
Zucchinisalat mit Parmesan 68
»Zu-müde-zum-Kochen«-Nudeln 82
Passionsfrucht
Apfel-Passionsfrucht Crumble 48
Passionsfrucht-Trifle 160
Pekannüsse, Vanilleeis mit Karamellsauce und Pekannüssen 50
Penne mit Auberginen und Chili 22
Pfannengerührter Fisch mit Ingwer und Brokkoli 112
Pfirsich-Joghurt-Kuchen mit Mandeln 129
Pflaumen, Gestürzter Pflaumenkuchen 62
Pistazienkuchen mit Orangenblütensirup 193
Pitta-Kräcker 189
Pitta-Pizza 94
Pizza, Pitta-Pizza 94
Plätzchen
Kokosmakronen 139
Konfitüren-Knöpfchen 90
Mandelplätzchen 139
Schokoladenkekse 135
Pumpernickel mit »falschem« Graved Lachs 168

R
Radicchiosalat 71
Reis
Glasierter Lachs mit braunem Reis 121
Hähnchencurry mit Reis 21
Jungfräuliche Paella 209
Mangoldröllchen 67
Reis mit Dicken Bohnen 47
Reissalat mit frischer Minze 176
Reissalat mit Mais 148
Safranreisbällchen (Arancini) 168
Steinpilzrisotto 35
Tomatenrisotto ohne Rühren 86
Vanillereispudding 214
Reisnudeln mit Garnelen und Limetten 14
Reissalat mit frischer Minze 176
Reissalat mit Mais 148
Retro-Dinnerparty 201
Rhabarberkompott 214
Ricotta
Feigen mit Himbeeren und frischem Ricotta 164
Frittierte Ricotta-Bällchen mit Zitronen-sauce 198
Schinkenlasagne 39
Schmetterlingsnudeln mit jungen Erbsen und Schinken 82
Spaghetti mit Kirschtomaten, Ricotta, Spinat und Pecorino 13
Rigatoni mit frischem Oliven-Puttanesca 43
Rigatoni mit Hähnchenbolognese 81
Rind
Bistecca alla Pizzaiola 44
Fleischbällchen mit Tomatensauce 32
Minutensteaks mit Zitrone 17
Rindfleisch Stroganoff mit Butternudeln 31
Rindfleisch und Zuckerschoten aus dem Wok mit Eiernudeln 89
Roastbeef im Schinkenmantel 202
Risotto
Steinpilzrisotto 35
Tomatenrisotto ohne Rühren 86
Roastbeef im Schinkenmantel 202
Romanasalat, Salatherzen mit Gurke und Minze 185
Romescosauce 209
Rote-Bete-Salat 117
Rote-Zwiebel-Salat mit Petersilie 61
Roter Paprikasalat 189
Rotes Fischcurry mit Süßkartoffeln 40
Römische Ferien 194
Röstkartoffeln 44
Röstkartoffeln mit Chili 32
Rucola
Linguine mit Thunfisch, Kapern und Oliven 118
Rote-Bete-Salat 117
Tomaten-Gurken-Salat mit Rucola 114
Rum-Cooler mit Himbeeren 171

S
Safranreisbällchen (Arancini) 168
Salate
Bauernsalat mit Schafskäse 213
Blutorangensalat mit Fenchel 206
Bombay-Kartoffelsalat 178
Brunnenkressesalat mit Grapefruit 18

Fenchelsalat 217
Gebratener Thunfisch mit Tomaten-Olivensalat 107
Grüne-Bohnen-Salat 159
Grüner Salat mit Schalotten-Vinaigrette 152
Gurkensalat mit Minze und Limetten-dressing 21
Hähnchen-Nudelsalat mit Sellerie und Sesam 114
Kartoffelsalat mit Dill 159
Krabben-Gurken-Salat 167
Möhrensalat mit Schafskäse und Minze 117
Radicchiosalat 71
Reissalat mit frischer Minze 176
Reissalat mit Mais 148
Rote-Bete-Salat 117
Rote-Zwiebel-Salat mit Petersilie 61
Roter Paprikasalat 189
Salatherzen mit Gurke und Minze 185
Scharfer Krautsalat 159
Taboule 64
Tomaten-Gurken-Salat mit Rucola 114
Tomatensalat mit Basilikum 72
Tomatensalat mit eingelegter Zitrone 163
Tomatensalat mit Limette 57
Zucchinisalat mit Parmesan 68
Zuckerschotensalat mit Pak choi und Sesam 176
Salatherzen mit Gurke und Minze 185
Sandwiches
Gurkensandwiches mit Schnittlauch 127
Hähnchen-Sandwiches 127
Schinken-Käse-Sandwiches 24
Sardellen-Vinaigrette 103
Sardellen-Zwiebel-Toasts 206
Schafskäse
Bauernsalat mit Schafskäse 213
Kartoffeln mit Tomaten, Schafskäse und Petersilie 185
Möhrensalat mit Schafskäse und Minze 117
Scharfer Krautsalat 159
Schinken
Glasierter Schinken 156
Roastbeef im Schinkenmantel 202
Schinken-Käse-Sandwiches 24
Schinkenlasagne 39
Schmetterlingsnudeln mit jungen Erbsen und Schinken 82
Schmetterlingsküchlein mit Beeren 93
Schmetterlingsnudeln mit jungen Erbsen und Schinken 82
Schnelles, einfaches Abendessen 163
Schokoladenkekse 135
Schokoladenkuchen mit echter Schoko-ladenglasur 96
Schokoladentrüffel 205
Schwarzkohl, Gebratene Hähnchenkeulen und Schwarzkohl mit Knoblauch und Chili 36
Sonntagsbrunch 72
Sorbet mit Wodka 171
Spaghetti mit Kirschtomaten, Ricotta, Spinat und Pecorino 13
Spareribs 175
Spinat
Kartoffeln mit Knoblauch und Spinat 197
Spaghetti mit Kirschtomaten, Ricotta, Spinat und Pecorino 13
Spinat-Raita 57
Steak
Bistecca alla Pizzaiola 44
Minutensteaks mit Zitrone 17
Rindfleisch Stroganoff mit Butternudeln 31
Steinpilzrisotto 35
Suppen
Erbsensuppe 24
Hühnersuppe mit Nudeln 104
Würzige Kürbissuppe 27
Süßkartoffeln, Rotes Fischcurry mit Süßkartoffeln 40

T
Taboule 64
Tequila Mojito 147
Teufelshähnchen 197
Thunfisch
Gebratener Thunfisch mit Tomaten-Olivensalat 107
Linguine mit Thunfisch, Kapern und Oliven 118
Thunfischspieße 181
Tomaten
Bistecca alla Pizzaiola 44
Fleischbällchen mit Tomatensauce 32
Gebratener Thunfisch mit Tomaten-Olivensalat 107
Gnocchi mit Tomatensauce 151
Grüne Bohnen mit Tomaten und Chili 17
Grüne-Bohnen-Salat 159
Kartoffeln mit Tomaten, Schafskäse und Petersilie 185
Lachsforelle mit rotem Chili und Tomaten 111
Penne mit Auberginen und Chili 22
Rigatoni Puttanesca mit frischen Oliven 43
Rigatoni mit Hähnchenbolognese 81
Roter Paprikasalat 189
Rotes Fischcurry mit Süßkartoffeln 40
Schinkenlasagne 39
Spaghetti mit Kirschtomaten, Ricotta, Spinat und Pecorino 13
Taboule 64
Tomaten-Gurken-Salat mit Rucola 114
Tomatenrisotto ohne Rühren 86
Tomatensalat mit Basilikum 72
Tomatensalat mit eingelegter Zitrone 163
Tomatensalat mit Limette 57
Vollkornnudeln mit Würstchen 28
Würstchen im Blätterteig mit Tomaten-sauce 94
Tortillas, Guacamole mit gerösteten Tortilla-Chips 147

V
Vanilleeis mit Karamellsauce und Pekan-nüssen 50
Vanillereispudding 214
Vollkornnudeln mit Würstchen 28

W
Weißkohl, Scharfer Krautsalat 159
Wan tan mit Garnelenfüllung und süßem Chili-Dip 172
Würstchen im Blätterteig mit Tomaten-sauce 94
Würste
Giovannis Würste mit Kartoffeln und Rosmarin 71
Vollkornnudeln mit Würstchen 28
Würstchen im Blätterteig mit Tomaten-sauce 94
Würzige Kürbissuppe 27

Z
Zitrone
Frittierte Ricotta-Bällchen mit Zitronen-sauce 198
Minutensteaks mit Zitrone 17
Tomatensalat mit eingelegter Zitrone 163
Zitronenhähnchen mit Honig 213
Zitronensauce 198
Zucchini
Pitta-Pizza 94
Zucchinisalat mit Parmesan 68
Zucchinisalat mit Parmesan 68
Zuckerschoten
Hähnchen-Nudelsalat mit Sellerie und Sesam 114
Krabben-Gurken-Salat 167
Rindfleisch und Zuckerschoten aus dem Wok mit Eiernudeln 89
Rote-Bete-Salat 117
Zuckerschotensalat mit Pak choi und Sesam 176
Zwiebeln
Erbsen mit Zwiebeln und Minze 202
Rote-Zwiebel-Salat mit Petersilie 61
Sardellen-Zwiebel-Toasts 206
»Zu-müde-zum-Kochen«-Nudeln 82

FÜR NATALIE, EDIE, INES UND BUNNY

DORLING KINDERSLEY
London, New York, Melbourne, München und Delhi

Für die deutsche Ausgabe
Programmleitung Monika Schlitzer
Projektbetreuung Nicola Aschenbrenner
Herstellungsleitung Dorothee Whittaker
Herstellung Verena Salm

Bibliografische Information Der Deutschen Bibliothek
Die Deutsche Bibliothek verzeichnet diese Publikation in der Deutschen Nationalbibliografie; detaillierte bibliografische Daten sind im Internet über http://dnb.ddb.de abrufbar.

Titel der englischen Originalausgabe:
SIMPLY BILL

Der Originaltitel erschien 2005 in Australien und Großbritannien bei Murdoch Books Pty Limited Australia und Murdoch Books UK Limited

Verlagsleitung Juliet Rogers
Programmleitung Kay Scarlett
Redaktion Jane Price
Fotos Petrina Tinslay
Styling und Grafik Marcus Hay
Designkonzept Eskimo Design
Design Annette Fitzgerald
Foodredaktion und Foodstyling Sonia Greig
Vorbereitung Lee Husband
Herstellung Monika Paratore
Assistenz Styling Tamara Boon, Tanya Laycock

Übersetzung Helmut Ertl
Redaktion Anja Ashauer-Schupp

ISBN 978-3-8310-1029-5

Druck und Bindung Firmengruppe Appl, Wemding

Besuchen Sie uns im Internet
www.dk.com

Der Verlag und der Stylist möchten folgenden Personen und Firmen für die großzügige Bereitstellung von Einrichtungsgegenständen, Requisiten und Küchengeschirr für dieses Buch danken: Alex Liddy; Arte Flowers; Bison; David Edmonds; Design Mode International; Deborah Hutton Living; Dinosaur Designs, Essential Ingredient; G&C Ventura, HWI; IKEA; Jurass, Koziol, Lotus, Mitchell & Helen English; Mud Australia; Orrefors Kosta Boda; Orson & Blake; Papaya; Plenty; Simon Johnson; Spence & Lyda; The Sydney Antique Centre; Villeroy & Boch; Waterford Wedgewood; Wheel & Barrow; Chee Soon & Fitzgerald, Cloth and Signature Prints; Stax of Wax; Porter's Paints; Flying Standard, Marcs, Orson & Blake Basement und Worling Saunders; ECC Lightning & Living, Ici et la, Norman & Quaine, Space, Spence and Lyda, Stylecraft und Orson & Blake, Grandiflora; Justin Lee; Greg Ruggeri.

Umrechnungshinweis: Die Garzeiten können je nach Heizeigenschaften des Ofens variieren. Heizen Sie Umluftöfen generell 20 °C niedriger ein als in dem Rezept angegeben. In diesem Buch entspricht ein Esslöffel 20 ml (4 Teelöffel). Falls Sie ein Esslöffelmaß von 15 ml (3 Teelöffel) verwenden, fällt der Unterschied bei den meisten Rezepten nicht ins Gewicht. Nehmen Sie jedoch bei Zutaten wie Backpulver, Gelatinepulver oder geringen Mengen Maisstärke pro angegebenem Esslöffel einen Teelöffel extra. Es wurden 59 g-Eier verwendet.